推薦序

不再盛開的玫瑰，卻有更動人的刺

——UDN聯合新聞網運動專欄作家　周汶昊

曾經，戴瑞克・羅斯（Derrick Rose）是一朵令人驚艷的玫瑰。他在芝加哥南區一個充滿兇殺暴力的毒窟長大，卻半點不染污泥，一路靠著驚人的速度及球技，不只成為了家鄉球迷擁戴的在地英雄，也受封史上最年輕的最有價值球員，更扭轉了他原本貧窮的宿命。而安靜不太多說話的性格，更為迷人的他再加一點令人好奇的神秘。

這樣盛開的玫瑰，看來如此完美。

玫瑰總是帶刺，那是一種威脅性的美麗，要人接近時小心翼翼。羅斯這朵玫瑰同樣帶刺，只是一開始他的刺，只是用來在球場上刺傷對手，刺痛客場觀眾，和刺激收視率而已。他用速度及爆發力直刺敵方的心臟地帶，一再創造場上的奇蹟，他的打法為全球觀眾帶來不可思議的全新刺激。被稱為「飆風玫瑰」的他，少年得志，紅極一時。

然後，他就受傷了。成功的人生，開始出現一道又一道裂痕。經過長時間的努力復健，復出不久他又受傷了。原本的裂痕隨著他多次受傷及轉隊，愈來愈多，也愈來愈巨大。媒體上不斷出現不利羅斯的新聞及耳語：他的實力回不來，他詐傷不願出賽，他與總教練及隊友不合，他兩度不告而別從球隊消失，他心理有問題，他被控性侵……。受傷，不只撕裂了他的身體，破壞了他的打法，最終也裂解了他的形象。

現在的羅斯，依舊帶刺。只是他說的話變得刺耳，他的轉變看來刺眼，也沒人想到，一直以來，這刺同時也是倒著長在他的心裡，總是刺得他自己心痛，得咬著牙承受。

《不死玫瑰》是羅斯的自傳，時間就寫到二〇一八—二〇一九年球季為止，因為那一季發生了一件事：二〇一八年十月三十一日，三十歲的羅斯在經歷多次受傷之後，穿著明尼蘇達灰狼二十五號球衣拿下單場五十分，率隊打敗爵士。那可能不是他籃球生涯最後的璀璨，但絕對是他跌落谷底之後最驚奇的起身。那一晚他哭了，像是把受傷以來的壓力給釋放開來，而這也是這本自傳的基調，讓人第一次完整地看到他內心的刺。

許多人可能曾耳聞羅斯安靜寡言的風格，知道一點他的故事，但當看到他在這本書中開口說話時，卻還是讓人嚇了一跳，就像是冷不防被刺到了一樣。而他述說自己的方式，是帶著一點自言自語的味道，對著他想像中的讀者，暢快地說出自己的過往點滴和心情。時而帶點粗口，時而問你做何感想，時不時地自我懷疑，不只會為自己辯護，也會攻擊別人。

很難想像，背負著名人招牌的他，敢在書中這麼指名道姓地反嗆；更難想像，原本是個內向不想多說話的男孩，而今經歷了受傷和背叛的種種打擊，已經能夠發聲來捍衛自己。羅斯曾經被背叛，不只是被他自己的身體，還曾被他的家人、摯友、球迷、球隊、媒體，甚至被他的家鄉辜負。曾經是被芝加哥全城全心擁抱的救世主，卻在受傷之後丟棄了他。

面對這一切，他得不在乎，才能活下來。他也得在乎，才能走下去。在這在不在乎的矛盾之間，羅斯有時失序、有時失控，甚至一度消失。

而今，正是這本書中那聽來刺耳的真話，和令人刺眼的真相，讓羅斯這朵不再盛開的玫瑰變得更加動人。

玫瑰初綻

在羅斯受傷之前，他成功翻轉人生的故事可說是像夢一般的灰姑娘童話。雖然他的童年並不順遂，但這些缺憾，卻造就了羅斯與眾不同的個性和特質。

羅斯在一個毒窟裡長大，他的媽媽離了婚之後一個人帶著三個兒子在這裡生活，而他的叔叔們全都是毒蟲，羅斯從小就看著身邊的人吸毒、販毒、打架，甚至被槍殺。羅斯是老么，差他同母異父的大哥十五歲，羅斯並沒有從母姓，但這也不是他生父的姓氏，因為羅斯根本不知道他的生父是誰，而他也從未與羅斯聯絡。

小羅斯很有運動天賦，他不只打籃球，也打過網球和棒球，可是打網球太貴，而他的棒球教練又是個毒蟲，所以他選擇繼續打籃球，這樣他自己就可以去公園打。不過，在公園裡打球也不安全，時常會聽到槍聲。不可思議的是，小羅斯聽到槍聲不是立刻逃跑，而是暫停一下，聽聽看槍響距離有多遠，如果是兩條街之外，那就繼續打球。

這是小羅斯的日常，一切都是習以為常的不正常。

他說，從小看多了毒品交易，發現最吵的人往往最先被幹掉，所以他總是安安靜靜的，從不多管閒事。更由於他超會打球，所以身邊的人即使是毒蟲都不會動他，因為他們都知道小羅斯有一個夢想可以實現：一切就像是眾人的默契一般，希望能有一個人從這裡成功地離開，去過和他們不一樣的生活，而不是被拖著下來一起腐爛。

後來羅斯真的走出去了，二十歲就成為家喻戶曉的球星。只是他在場上愈成功，他反而愈飢渴，愈專注，愈投入。他說，他在記憶中甚至找不出一個跟家人一起出外吃飯的夜晚，因為那時的他只想留在場館裡訓練，好在隔天的比賽中電爆對手。沒想到，這樣的勤練竟會一再帶給他傷害。

十字路口

對球迷來說，羅斯受傷之前的故事是比較好消化的，在那之後，就不容易吞了。因為那不再只是個單純的勵志故事，過去許多球星所陳述的那種克服傷痛，成功東山再起的老套路，並不適用在羅斯身上。他的復出之路，走的一點也不順利。

人生前半段的成功，讓羅斯不知不覺地成了一個自戀的人，他把全部精力都放在籃球上，結果快被自己給逼瘋。就在這個時候，他的十字韌帶斷了，他的人生也像是來到了十字路口，開始轉向。受傷之後，一切戛然而止，必須歸零。手術之後的復健，讓羅斯連走路都要從頭學起。

這是他第一次因為受傷而長期無法上場打球，不習慣的羅斯急著要復出，於是努力地復健。隨著時間過去，雖然羅斯感覺到身體還沒準備好，但周圍的人已經等不及了，認為他看來已經好了，開始質疑他為什麼不上場，是不是詐傷？羅斯曾問了自己一句話：「歌手該帶著沙啞的嗓子登台演唱嗎？不，你有義務給粉絲最棒的表現。」但所有人都在逼他，他也在逼自己，於是他還是上場了。

後來才知道，原來努力復健也是錯的，因為羅斯做過頭了，沒能讓傷勢以更自然的方式復原。但球迷在等，媒體在問，他自己也想要趕快復出。結果他把自己練得太壯了，讓他的身體失去了平衡，復出不久就再度受傷，而一切就像連鎖反應，從此他的膝蓋及腳踝接連出現問題，一再地讓他無法上場比賽。

羅斯的天賦在受傷之後也成了他的詛咒，因為他原本充滿爆發力及速度的身體，在傷後其實再也跟不上過去的記憶，也跟不上主人的心志要求，可是羅斯仍是一直催逼自己。結果，在左膝十字韌帶撐不住了斷掉之後，接下來就是右膝半月板撕裂傷，不到一年同樣的右膝傷勢再來一次，然後又換成左膝半月板受傷，等於他在六年內動了四次膝蓋手術。

反覆地受傷，一再的打擊，讓羅斯經常走在籃球生涯的十字路口，而他不見得每一次都做出正確的選擇。或許更公平一點地說，球迷並不完全認同他每一次的選擇。十字韌帶就像是羅斯的十字架，在它斷了之後，讓他背起了新的重擔和信仰。羅斯曾經一直在問為什麼它會斷掉，但他也從中為自己找到新出路。

因為受傷，讓羅斯開始相信因果業報。當許多人覺得他沒戲唱了，對待他的方式也不同了，他也看清了很多事。羅斯只知道每個嘲笑他受傷的人，終究也會遇到自己的傷痛。他說，這世界上的每一種宗教談的都是耐心，看看你是否能夠耐得住各種情況的考驗。他說他慶幸自己很年輕就紅極一時，但也很高興那樣的情況結束了。若非如此，他的腦中想的只會有自己。

他說他以前從沒像現在這麼開心，他並不是變成一個傳教者或信仰者，他只是找到了自己所謂的耐心，找到了真實的自己。他還說他並不想念受傷前的自己，他也知道現在的他不是那個人，也永遠不會再成為那個人。

當羅斯的十字韌帶斷掉之後，面對著一個又一個的十字路口，他曾一再犯錯，但他始終試著讓自己走向另一種成功。

始終帶刺

這是一本帶刺的書。羅斯一開始就不打算輕鬆地放過自己，也不打算放過讀者。

即使你是羅斯的球迷，閱讀這本書的後半部也將會是很大的挑戰。不只是因為羅斯的遭遇令人難過，許多時候他所做的事情也令人難以理解。他不怪別人不相信他，也沒辦法怪別人怎麼想。畢竟聽完羅斯的訴說，他仍是沒有把所有人對他的質疑都辯駁清楚。依舊會有人對他感到懷疑，對他在尼克及騎士時兩度不告而別地消失離隊感到不諒解，甚至認為他就是不想上場比賽。

事實上，羅斯也不需要駁倒其他人，他已經找回自己的平靜、重心和目標。而且，羅斯的坦白也提醒了我們一件事，球迷們實在太習慣把心目中的球星偶像化，然後要求他們心中的神不能犯錯，不能平凡，不能被打倒。

然而，即使是神，也有各自的個性，即使是英雄，也還是有自己的軟弱。美好的是，做為曾經被造神的英雄，而今的羅斯總算能脫掉那些不實際的虛幻糖衣，比較自在地和我們這些球迷們說些刺耳的真心話，而他之所以想說，是因為希望能讓自己的故事幫助到一些人。他現在最重視的就是他的孩子們，而他最在意的就是他們長大之後會怎麼看待他們的父親說過的話，和做過的事。

羅斯的故事，始終帶著刺，無論這刺給人的感覺是刺激還是刺耳，在看過這本書之後，都變得更加動人。

他說，受傷之後的他，站上球場所創造出的歷史會讓人們有所共鳴，因為每個人都有自己的掙扎。他想說的話，或許是想要辯解一些對他的誤會，但最重要的，是他希望別人在讀過他的故事之後，能知道他們並不孤單，能從他的故事中找到對號入座的位子，然後獲得一點力量。

現在的羅斯，歷經了公牛、尼克、騎士、灰狼之後，來到了活塞。那單場五十分的激情已經是快兩年前的事了，NBA因為新冠肺炎而停賽五個月之後，羅斯並沒有參與二〇一九—二〇二〇球季的復賽。下一季已滿三十二歲的他會在哪一隊，會面對什麼樣的挑戰還不知道，也很有可能他再也沒有辦法留在聯盟。

無論如何，最終，一切或許就會像是在下西洋棋一樣。當羅斯的心理醫師不相信他會下西洋棋的時候，羅斯在棋盤上痛宰了他。羅斯說自己的人生，就像早早失去了皇后，手上只剩下一支兵一樣，但他相信這支小兵會長驅到底線，升變為皇后。

這局還沒結束，一切還有希望。

推薦序

這不是運動書，是人生書

導演 盧建彰

球場的變化

讀這位飆風玫瑰的內心文字，我一再的驚訝。

簡直跟看他在球場上快速變化、凌厲過人的球風一樣。

只是，這個球場，更大，是人生的球場。

而他在人生場上的表現，對我們更有意義。

因為，說真的，我們也在自己的場上，夢想，奮鬥，拒絕別人的拒絕，然後受傷，懷疑自己，懷疑世界，最後，難受的看著難受的自己，並且想著哪裡出了錯，自己有錯嗎？或者，自己就是個錯。

我常常在跑步的時候，終於安靜下來，驚訝自己總是那麼任意妄為，卻又全身而退。我也清楚那些驚滔駭浪只是魚缸裡的小風波，自己那些當下的恐懼害怕，不過是極小尺度的上上下下。

但，說真的，我們就只擁有個小魚缸呀，你怎能怪我們小裡小氣，少見多怪呢？

誠實很難，誠實面對自己更難

我不是個誠實的人，但我這幾年努力盡量誠實。

從小我們就被有意無意的暗示，彷彿可以隨時隨地不誠實，而那就是種聰明的表現。

總是想要假裝個樣子，好讓世界瞧得起，明明不是演員，卻一直在表演，還擔心沒有入圍每日十大傑出主角，焦慮困惑於演技，苦悶憂傷在表情，卻都無法真心面對自己的真心，因為，真相有點醜，心沒有美肌模式。

久而久之，你對世界不誠實，對自己也是。

做為每天都得上場面對世界的人，似乎不得不有一身無堅不摧的武裝，或者有時是華麗的舞會裝扮，有時候，那件衣服是，球衣。

只是，那些外觀的偽裝，有時是內心的負擔。

當你的體格不夠強壯，你的骨骼不夠堅硬，你的世界觀不夠世界，你的外衣，常常是讓你崩潰的原因，它沒有保護你，它甚至讓你疲累不堪，無法前進一步，因為身上的負擔太重了，而且，它還不是你，它也不代表你，你知道，卻無力無心卸下，因為，你害怕脫下那件外衣後，自己會受傷，更害怕脫下那件外衣後，自己誰都不是，彷彿人們只能藉那外衣認識你。

但事實是，那件外衣一卸下，你就消失無蹤了，就跟魔法一樣。

國王的外衣，是透明的。但至少那透明外衣下的，還是個國王。

而不是個國王的我們，脫下外衣，竟然，就什麼都沒有，什麼都看不見了。

你該誠實，你更該對自己誠實，知道自己是誰，知道自己就算不穿衣服，還是存在，並且時時告訴自己，要穿衣服，但也時時告訴自己，你可以脫掉衣服。

要意識到這件事，需要那特別的時機。
那極度特別到，我們願意面對自己的，特別時機。
那可能是，受傷。

復出，需要最猛的付出

我認為，運動員是迷人的生物，受傷後復出的運動員，可能是最偉大的生物。玫瑰曾被認定為時代裡最有機會成為MVP的選手，壓力和期盼是等同巨大的，我難以想像，他是如何在其中安定自己的心，而這些在這本書裡多少有了解答。但，我更在意的是，他是如何在嚴重的職業傷害中自處，而且那嚴重是幾乎完全終止他的職業生涯的。
怎麼說呢？
一個被視為天才的球員，突然被認定為再也無法打球，甚至被某些球評說「我們再也不必在節目中提到他的名字」，那種難堪，那種痛苦，絕對比肉體上的痛楚來得巨大。

我關心的，不只是復健的辛苦，而是心理的痛苦，如何平復。

因為，我總認為，當代最嚴重的問題，是不快樂。

看著玫瑰的凋謝再開花，我不只關心球技的變化球風的進化，我更佩服，那在難以名狀的巨大壓力下，如何還能維持原廠設定，如何還是個完整的人，而不致被巨大如深海底部可將鋼鐵打造的潛艇壓碎的壓力下，依舊能夠生存。

他說，他在那段傷痛復健過程裡，生兒育女，那成了他最大的支柱。

我也因此理解，為什麼有位我佩服的長輩，在與我今年一樣四十四歲的年紀被大公司解僱，在中年失業後，從此不再受聘於大財團企業，卻仍能憑著自己的信念前進，並在幾年後，成為知名的理財顧問。

因為孩子，讓我們成為更好的人，更堅強的人。

安靜的你

我認識一位我很喜愛的編輯，他總是站在我前面，幫我處理各種世界的繁雜事務，替我擋下就算不是世界的風雨，至少是水窪裡濺起的髒水，並且容忍我的各種任性。

比方說，我不愛用電腦寫文章，覺得沒溫度外，更覺得每次選字很煩，因為電腦選字，常常給我奇怪的，而且要選到正確的文字的時間，比我打字的時間還多出許多，還選不好。「世界橋的啟」，是什麼東西啦？明明是「世界瞧得起」。

他知道我的苦惱，竟然願意幫我打字，就是在我用鋼筆愉快恣意地紙上寫好後，用手機拍照傳給他，他就會幫我用電腦打成文字，替我省卻過程裡的麻煩。

比方說，我喜新厭舊，性格多變，常常在最後一刻改變主意，像在簽書會要開始的前三分鐘，突然說要用我的電腦，讓提早一個多小時去設定測試好的他措手不及，整個兵荒馬亂，現場一片尖叫聲。而我只是站在旁邊看著，臉上帶著笑容。

更讓我感到了不起的是，我隱隱確知，他是位內向者。

他卻總得在我之前，勉強自己拿起麥克風，為我做開場，很多時候，還是在剛剛講的兵荒馬亂後，那該是多麼不容易，不簡單呀。

我只能在心裡告訴自己，記下這一切，在美好的時刻，跟他道謝，並且，提醒他不必永遠為我做那許多。

而在讀玫瑰這書時，我眼前不斷跳出這位編輯的模樣。

看著玫瑰面對自己的內向，並且清楚地知道那些面對大眾的辛苦是確切的，不是自己憑空想像，更不是自己過度脆弱敏感，更絕對不是自己有所缺陷，我是動容的。

我想跟玫瑰說，你辛苦了。

也跟我的編輯說。

1. 秀給你看

「I'll Show You」（原文書名，意思為「秀給你看」）是我想要的書名，因為這幾個字代表了我還有我的故事。

看看你有何能耐。不只是嘴上說說——而是真正做到。

這展現了我個性的兩個面向。我是一個內向者。很長一段時間，我不知道這代表著什麼。內向沒有錯，也沒有不好，但可能讓人們對你產生不一樣的想法。他們會覺得你自以為是。

我不是這樣，從來不是。

也是因為我年紀太小就要受訪，沒有人教我要怎麼做，這也不是我擅長的事情。

然後人們就對我有意見了。

還記得自己十七、十八歲的時候嗎？假如你十九、二十歲就進ＮＢＡ，記者整天拿著一堆問題對你窮追猛打，你會怎樣？如果你天性沉默寡言，你會說些什麼，做些什麼，有想過嗎？

「秀給你看」代表著「以身作則」。而這大概就是我這輩子的做事態度。看著我——不用等我跟你講。我從來不是那種會講的人。我打籃球的時候不講話——沒半句垃圾話。我也不會被對手的垃圾話干擾。其實，那反而餵養我的鬥志。「好啊，要這樣是不是？那你好好看著。下一球我就會吃掉你，看看你是否仍用同樣的眼光看我。」你會感覺到，上了場的我完全變一個人。在芝加哥是怎麼說的？他們說這叫「打死不退」，怎樣都不退縮。在場上，我不用講得天花亂墜。我可以秀給他們看。

我就是這樣長大的，這就是我待人處事的方式。你永遠不會知道為何自己天性如此。但在那樣的地方長大，看到那些事情，應該是我沉默寡言的原因之一。

我在芝加哥南區的恩格爾伍德（Englewood）長大。毒品是那裡的大問題。我相信你一定有聽說。新聞上都在播，而現在這位總統還拿這事開玩笑。那裡是家，是很多好人的家。他們在乎而且為了更好的生活努力嘗試著。這樣的事情對那些人來說並不公平。跟其它地方的人一樣，他們試著生存。跟其它地方的人不同的是，他們沒有一樣的機會。離開那裡之後，你見識到小時候不懂的種族主義。住在那裡的人也跟其他人一樣。他們也想要一樣的東西。

但在那裡成長很危險，身陷暴力的迴圈。我有朋友死掉；我聽到槍聲；我看到人們拿著球棒跟棍子開車過來準備械鬥，在家裡嚇到跑上樓躲著。我想我沉默寡言的原因之一，就是從小看毒品交易，發現最吵的人往往最先被幹掉。那些人衣著誇張，想要被注意。壞事似乎總會發生在他們身上。我從來不想變成那種人。我在周遭環境裡看過太多這種人了。他們滿嘴屁話，而我知道這些人都是最蠢的。真心不騙。

還小的時候看到這些，我暗自心想：「要是讓我抓住一個機會，讓我逃出這個困境，我絕對不會那樣招搖，因為會吸引太多注意。」我可能很安靜，似乎很笨，但會突然噴出一句讓人大吃一驚的話。你就是不知道我懂什麼。這正是我想要的效果。

我的思維是：「你待我像屎，我何必讓你看見我的另一面？」等我覺得跟你夠熟，我才會展露真正的自己。你尊重我，我就尊重你。

＊＊＊＊＊

當然，籃球讓我得到很多關注。但那其實是我最不在意的部分——那些讚美與誇獎。我想我很早就知道這種東西往往會讓人誤入歧途。「秀給你看」是我的一點態度——不管我是誰，我決心要抵達想要去的地方。

我總是聽到大家說我多有籃球天賦。而這也確實不假。我的速度非比尋常。我在場上暢行無阻，不用得分就能控制比賽。我連一場籃球都沒跟我的哥哥們打過，因為在我很小的時候，他們就知道，儘管年幼許多，我還是遠遠強過他們。我聽說有人把我比做傑森・奇德（Jason Kidd）。但奇德沒有我這種運動能力。也因為缺乏這種天生的運動能力，他精通了自身的技藝，貫徹在場上能做的事。他比我大隻，學會外線投籃，而且擁有絕佳的傳球視野。他會運用他擁有的。我呢？我覺得我也有另一面，不單單只是天生的稟賦而已。

我的速度太有殺傷力，沒錯吧？你可以使出渾身解數，但我就是有著撕裂包夾的速度。如果一次進攻要包夾我好幾次，那我就接連幾次進攻不斷測試你們的耐力，挑戰你們的長人。「你們能把我擋在底角幾次？」

凱文．賈奈特（Kevin Garnett）的防守是最棒的，真的會讓我思考球賽。所以我很開心自己在那個時期進入聯盟，因為現在的聯盟已經跟當時完全不同了。但我有經歷過老派作風，體驗過兇悍防守。我覺得這是一種幸運。

我在美國業餘體育聯合會（AAU）的打法跟在高中賽場上不同。正因如此，我哥哥瑞吉（Reggie）想要我擁有一支自己的AAU球隊。某種程度上，那塑造了場上的我，另外一個德瑞克。我在高中打小前鋒，沒辦法一直持球在手。我不是隊上得分最多的球員。我是進了NBA才開始飆分。打AAU球賽的時候，我第一次穿上一號球衣。那象徵著另一個自我，可以用自己想要的方式打球，拯救球隊。

到了耐吉（Nike）舉辦的青少年菁英籃球聯賽，有的球隊有姚明，有的球隊有東尼．帕克（Tony Parker），眾星雲集。我想那份經驗有助於我加入公牛隊之後跟平庸的球員一起打球——在得分方面平庸的球員。他們都是好球員，但在得分方面，我知道我不能把比賽交到他們手上。

我知道，跟我初進聯盟時相比，比賽已經變得不一樣。現在，投籃就是一切。

你一定要有投外線的能力。但我一直覺得自己可以適應，就像在高中打小前鋒，在AAU打控球後衛，進了聯盟在需要的時候砍分。而我想你也看到我在明尼蘇達灰狼隊為湯姆・希伯杜（Tom Thibodeau）打球時的表現。從吉米・巴特勒（Jimmy Butler）帶給球隊壓力到他被交易到七六人隊，我的三分投射變得愈來愈好。人們忘了我的外線其實從十字韌帶受傷之前就開始進步了。但傷後為了重回賽場需要做太多事，我無暇繼續精進外線投射。

但是，到了明尼蘇達之後的夏季，我投了好幾千顆外線。所以現在可以不假思索投籃了。就跟我的速度一樣——不用思考，秀給大家看就好。既然我在場上，有機會就投吧。他們說我投籃的弧度不對。難道柯比・布萊恩（Kobe Bryant）的弧度就對嗎？而我復出之後打過得分後衛、控球後衛，甚至小前鋒，還要同時面對這些批評。但沒關係，我享受球賽。別忘了，我已經三十、三十一歲了，不再是當年那個小夥子。

當然，我也會有疑慮。但我想我已經展現了強健的心理素質，就算在紐約與克里夫蘭離開球隊的時候也一樣。我為那些事情付出了代價，但那就是我。我每一次站上球場都持續創造歷史，而人們會有所共鳴，因為每個人都有自己的掙扎。

批評者可以說我中離，但我從未放棄。為了我的兒女，我一直保持對籃球的熱愛。所以育有兒女這件事幫助我挺過那四、五次的手術，讓我理解自己的生涯，搞清楚以前的我到過哪裡，現在的我處在哪裡，未來的我想要到達哪裡。

再次成為頂薪球員？入選全明星賽？最佳第六人？這我也可以接受。我總是覺得凡事都有可能。讓我用比賽說話，讓我上場以一個老將的身分協助年輕的隊友們成長。

人們對我的跳投很有意見。我總說自己就是個打球的人，而我覺得打球的人什麼都能做。舉個例子，馬可斯・史馬特（Marcus Smart）就是個打球的人。從數據上看，你會說球隊不可能要這個球員。但是當你親自到場看比賽，你會改口：「我當然想要他在我們隊上。」投進關鍵球，不用多說廢話。我就喜歡跟這種傢伙同隊。我說自己是個打球的人，就是這個意思。失手二十四次又怎樣，我覺得決定勝負的第二十五次出手會進。我覺得場上的自己會在正確的時間點做出正確的決策。

＊＊＊＊＊

我不擔心傷勢，很久沒擔心了。到明尼蘇達的時候，人們問我能不能在季後賽灌籃。我已經很久沒在比賽中灌籃了，可能是我比較頑固吧。我一直聽到人們講起灌籃。「灌籃。灌籃。灌籃。灌籃。」到底是怎樣？我知道自己不只是一個扣將。「你們以為會灌籃就是會打籃球，對吧？」

對籃球的理解有層級之別，而球迷以及媒體就是跟我們不一樣。他們不一定會整場比賽都看。Snapchat上的一些零碎片段對他們來說就是籃球比賽。這也無妨。但他們從比賽裡得到的也就只有那些了。

知道嗎？我擁有華麗的球風，這點很妙。曾聽人家說這是一種自我矛盾，因為我的性格並非如此。我面對家人朋友總是一派輕鬆，然而一旦上了場比賽，我卻讓人驚呼連連。這就是我的打法，而這也跟芝加哥脫不了關係。秀點猛招給大家看看吧。「好，我會秀給你看。」

聽起來可能有些不尋常，但我真心相信自己最大的天賦是傾聽。我比較有洞察力——不喜歡湊熱鬧。你常會發現房裡講話最大聲的人都是最愚笨的，也是最惹人厭的。內向並沒有錯。一直到年齡稍長，我才了解這點。以前的我常在社交的氛圍之中感到疲憊。有時我會選擇離開，心想：「怎麼那麼累，我是剛做完訓練嗎？」

到了二十五、二十六歲，我才知道自己是一個內向者。那時我才明白，我需要為自己充電。所以跟家人相處時常常是這樣：「哦，我們家小熊在哪？大概又躲在樓上了吧。」這就是我充電的方式。懂我的意思嗎？為自己充電。

不要誤會，我跟誰都可以對話。但講完話之後我會覺得：「靠，累死我了。」就像我為阿迪達斯（Adidas）在中國的宣傳活動上亮相。我在高中也有這種感覺。這種事令我不堪負荷。所以人們有時會以為我很傲慢、很笨，或是對大家不屑一顧。但這就是我的風格。我用比賽說話，把必須做好的事情做好。人們有時會覺得我不友善，或者不夠外向。但我也沒辦法。我就是這樣，已經習慣了。

這也是以前的我會擔心的事情之一。「可惡，我得更開朗一點。」以前的我會為了表現開朗而把自己搞得筋疲力竭，跑趴、參加活動等等的。就是露一下臉，試著待在那些場合三十到四十五分鐘，四處走動招呼。但離開的時候我會感覺自己好像打完一場球賽，而且還是有延長賽的。人們覺得你是名人，既成功又有錢，可以隨心所欲。「你是在跩什麼？」他們會這樣想：「我們不夠格跟你往來嗎？」其實根本不是這樣。

這種人格特質可能來自我的母親。我從小看著她，跟她相處。我是她的老么——乖孩子，安安靜靜的。我不想讓她傷心。我的母親布蘭達在三十四歲時生下我，她就是我的一切。也是因為這樣，我才會說事出必有因。記得小時候朋友們的媽媽都比較年輕，她們會穿上流行的衣服出去玩，而我媽的穿著總是比較成熟穩重，她不會出去玩。

我心想：「媽，你的生活呢？」或者「老媽，出去做點什麼吧。」但她就像是為我量身訂做的。懂我要表達的意思嗎？我看著她做這麼多工作，投注這麼多心血在我身上。於是我心想：「天啊，要是我能做到這樣——做到她為家庭所做的一小部分——就已經很不錯了，因為她為了家庭，為了我跟我的哥哥們犧牲了一切。」她給我啟發，是一個典範。她總在奔忙，隨時都有工作，扛起家中所有的開銷。

面對家人與朋友，有時候我也會稍微把自己孤立起來，但不至於完全消失。我想讓他們知道我可以自己處理所有事情。我從母親身上學到這點——全然獨立，不需要任何人。我一直想效法她。跟兩任丈夫在一起的時候，她的態度總是：「管你們去死。我根本不需要你們。我可以自己帶四個兒子。我可以把他們都照顧好。」

＊＊＊＊＊

當然，「秀給你看」也是芝加哥籃球的特色之一。我從沒真正弄懂芝加哥的籃球，所有比我年長的球員，像是傑米・布蘭登（Jamie Brandon）還有那些你小時候可能聽過的名字——不包括麥可・喬丹。我以前常聽到人們把我拿來跟那些球員比較。當你在芝加哥打著籃球長大，這種事層出不窮。「小子，你打球的方式就像傑米・布蘭登。」

我的反應是：「誰？」他們說他效力於金恩大學預備高中。於是，他們馬上在我身上加諸這樣的期待。高中的我就每晚都在極大的壓力之下打球。他們現在連對小學球員都這樣了。但有不少孩子到了外面真的打出一番名堂，代表這些壓力會把一個人淬煉成強悍的球員。

當我在NBA遭遇那些傷勢，這對我來說尤其重要。不只是受傷與復健而已。受傷之後，事情開始變得不同，人們對你的態度也不一樣了。人們很確定我沒戲唱了。原本可能只是一些小事，例如「我不喜歡他這段訪問。」或者「我不認同他說的話。」漸漸變成「對啊，反正他也受傷了嘛。」能體會我的感受嗎？

最後，我不再試圖對抗這些。我能理解你們為什麼不爽，好的球員就是要上場打球。如果我去看道奇隊的比賽，而克萊頓・克蕭（Clayton Kershaw）沒有上場投球，我也會不爽，我會覺得：「我幹嘛來看這場比賽？」我都懂。但發生的事情就是發生了，我也沒轍。而且，任何事情發生，都有它發生的緣由。

現在的我看得比以前透徹。我用休養的時間讓自己成為一個更好的人，這讓我對所有事情都沒有怨懟。所以，我現在還在場上，仍做著我做的那些事。這是屬於我的歷史。這是我在創造歷史。我不會是最後一個受傷的球員，也不會是最後一個受這種傷的球星。而我現在所能做的就是開闢出一條路——做下一個人的典範，不管那個人會是誰。我可以示範給下一個人看：「你不需要停止或是走回頭路，你還有更多可能性。」這就是我現在努力要做的。

初入聯盟時，我那「秀給你看」的態度就像在宣告：「我來了，我能跟你們打。」我的第一次季後賽，公牛對上賽爾提克。我們有點像是剛組建成的球隊，隊上主要是有點經驗的年輕球員。文尼・德爾內格羅（Vinny Del Negro）是我們的新教練，班・

高登（Ben Gordon）是我們的得分主力。找來約翰・薩爾蒙斯（John Salmons）這個不錯的傢伙之後，球隊的運作逐漸順暢起來。那支公牛隊的球員都是很棒的人——尤其是喬金・諾亞（Joakim Noah）、羅爾・丹恩（Luol Deng），以及柯克・韓瑞克（Kirk Hinrich）。

我的角色比較偏向控球後衛。班能得分，薩爾蒙斯也能得分。我們打進季後賽，要前往波士頓面對冠軍隊。凱文・賈奈特受傷了，但雷・艾倫（Ray Allen）、保羅・皮爾斯（Paul Pierce），以及拉簡・朗度（Rajon Rondo）那些名人堂等級的球員都在。

回顧二〇〇八年對上波士頓賽爾提克的第一場季後賽，我拿了三十六分，幫助公牛隊在延長賽贏球，在七戰四勝的賽制中取回主場優勢。那真的是讓我開始突破的時刻。那個系列賽非常瘋狂，好幾場延長賽，每個人都打出精彩好球——超級好玩。透過那個系列賽，我發現自己不只可以跟NBA球員打，還有能力跟名人堂等級的球員一較高下。我感覺像是回到AAU，球隊以我為軸心運轉，那是奪目的鎂光燈聚焦在我身上的時刻之一。我心想：「我來了，我可以在這個水平打球。」我本來就相信自己可以，但總歸要秀給人們看看。我不僅跟這些偉大球員同場競技，我甚至帶給他們挑戰。我讓他們汗流浹背，我讓他們相互指責，我讓他們走回板凳的時候，心裡千頭萬緒，納悶著：「這小子到底什麼來頭？」

當時對於想要達成的事，我的目光很清楚。贏得最有價值球員（MVP）。到手！贏得總冠軍。那是下一步。我們好像每一年都敗在勒布朗・詹姆斯（LeBron James）手下，但局勢變得愈來愈樂觀。然而，接著就是受傷、受傷、受傷。於是夢想與目標就漸漸潰散了。

那時我在心裡煎熬著：「該死啊，接下來怎麼辦？」真的很艱辛，但我總要往前看。從小地方開始，一小步一小步向前。我當時支撐下去的方式就是試圖用一些想法來驅策自己：回到陣中之後，試著在下一場比賽把每一顆罰球都投進。因為我從每場平均出手二十五到二十七次，變成十五次，再降到九次，然後有時整場被冰在板凳上。所以我心想：「好，把目標放在罰球。我這場比賽不會投失任何一顆罰球。」接著我又想：「好，把目標放在防守。」從小處著手，試著讓自己重新站起來。這就是我當時做的事，在比賽中創造出另一個比賽，給自己一個接一個挑戰，看看自己能做些什麼來變得更好，同時幫助球隊。

這教會了我帶著目的打球。每一次運球都有目的。我其實是從柯比身上學到這點。光是看他打球或是聽他講話，就讓我獲益良多。就是因為這樣，我談論籃球時才會常常提到他。他左右防守者的方式非比尋常。他從不浪費運球。

約翰・卡利帕里（John Calipari）也是這樣教我的。進曼菲斯大學之前，我習慣持球在手，一直運球。我記得卡利帕里在一次球隊練球中吹哨子中斷練習——然後把我趕出球場。他總說：「不要運那麼多球。」我的哥哥們都打球，家裡隨時都有顆籃球，所以我就養成運球的習慣。想想凱里・厄文（Kyrie Irving），他就是個專門運球的傢伙。我可以運球晃掉你，但我的目的只是持球到達場上某一個點。凱里則是想要在到達那個點的途中讓你跌倒。

卡利帕里說我既然可以用一個動作就過掉防守者，為何還要拉回來再一次用運球羞辱他？我以前習慣這那樣，但現在已經不搞那套了。持球的時間太長，你就會想要晃倒防守者，羞辱對方。這也是芝加哥或紐約的球風，在大城市打球難免如此。你可以感覺到剛剛做了一個很漂亮的動作，就像一個作家寫完一段或是一頁好文章時會心想：「天啊，這些文字真的厲害。」有時候你會不小心嗨過頭，發現自己在耍球。進到聯盟，跟柯比談話，就讓我變得不一樣。柯比其實到高中來跟我們說過一次話，但只是很隨興的行程。大概在他考慮加盟公牛隊時，他到過西蒙（Simeon）高中。我記得他說每一次運球都是為了左右對手的動作，為了**秀給對手看**。

*****

我一直抱持這個心態，就連對朋友，我也有著「秀給你看」的態度。去健身房訓練的時候，我不會告訴他們。我想要他們說：「哦，我有看到他在幹嘛。他在健身房。」但受了大傷之後，一切都翻轉了，到了我不得不把自己孤立起來的地步。我試著弄清楚自己是一個什麼樣的人——當時我才二十三、二十四歲。你懂吧，試著同時負擔起所有的責任，學習做生意，學著當父親，弄清楚自己在這個世界上的定位。

那是一段奇怪的時間，但我的想法漸漸進化為：「如果再給我一次機會，我知道事情會朝著什麼方向發展。如果再給我一次機會，重返球場的我會打出全明星等級的身手，我會簽下一紙好的合約，甚至是頂薪合約。」對此，我的心裡沒有一絲疑慮。

所以我才願意以兩百萬美元左右的年薪跟克里夫蘭騎士簽約，只為重新回到聯盟打球。我每天都在自己身上押注，總是如此。對我來說這很正常。說句老實話，我仍然覺得自己是當年那個天賦爆棚的球員。人們不這麼想也無妨，我不在乎。

我猜某些人就是愛提起我的舊合約，談論我在養傷期間進帳多少。拜託一下好嗎，我不想聽到這些屁話。查爾斯·巴克利（Charles Barkley）跟那群人在特納電視網（TNT）講的，基本上就是我已經沒戲唱了。

查爾斯說：「我們以後別在節目上談論這個人好不好，他已經出局了。」

情況就是這樣。嘴巴上說不喜歡我的人，如果有機會跟我搭同一台電梯，他們還是會主動跟我打招呼：「嘿，是飆風玫瑰本人耶！」甚至還會來跟我要簽名。真正討厭我的人，遇到我的時候會什麼都不說。但當他們跟朋友聊天，一定會提到：「嘿，知道我今天遇到誰嗎？羅斯那個廢柴。他跟我一起進電梯。」懂我要表達什麼了嗎？也許你會詆毀我，但你絕不會無視我的存在。

我懂，我真的懂。這就是球員生涯的一部分，這就是人生，不能被這種事情掌控。這是我想要避免的東西。我從來不想成為那樣的人。我想要傳達給孩子跟所有人的訊息是：你該成為什麼人，就會成為什麼人。不用囉嗦，就是這樣。

我想我的故事正是因為這樣而有意義。當人們碰巧讀到我的故事，他們會把外皮剝去，讀懂它的本質。我只想要人們理解兩件事——我是一個不屈的鬥士，而且我可以為了進步而拚盡全力。

我不再為了籃球而憂心，縱使我經歷過那麼多起起伏伏——中學時期屢戰屢勝，打進大學男籃決賽，贏得聯盟最有價值球員，在看似要突破的時候弄斷十字韌帶，然後更多的傷勢，離開球場，重返球場，從谷底到顛峰，再落到谷底，又爬起來。我真正在意的，大多還是怎麼過生活，我的家庭能做到些什麼，我以什麼方式融入社會，這個世界上發生了哪些事。這些才是我關注的。他們還以為我仍然一心只在乎籃球。你覺得等我可以穩定出賽時會有什麼表現？

我會秀給你看。

我現在要跟你說我的故事，因為我覺得這故事不只關於我。

2. 十字韌帶

我真的曾經認為自己會成為史上最偉大的球員，那確實是我的課題。我是籃球運動的學生。我看清局勢，知道自己目前身處何處，未來想要抵達哪裡：總冠軍、更多座最有價值球員獎、冠軍賽最有價值球員，作為一個運動員所能想到的一切成就。我知道要做到就要努力拼搏。努力對我來說從來不是問題——在健身房待兩三個小時，接二連三的訓練行程。我就只需要做這些？這竟然是**工作**？這樣就能賺這麼多錢？未免太簡單了吧。

再添上讚美與認可，我為自己灌注了更多的信心。我覺得我將成為最偉大的小個子球員，因為聯盟的防守者從來沒辦法解決我的速度，根本不知所措。他們擋不住我，對我的神速無計可施。就算現在，依然如此。我不再做年輕時愛做的某些動作

——激情而狂野的那種——但是速度猶在。你儘管使出渾身解數，我就是能用速度考驗你，把要拿的分數拿到。「好啊，你覺得你可以擋下我的切入多少次？」懂了吧，道理就是這麼簡單。

直到我受傷。

關於十字韌帶與內側副韌帶的大傷，那是我的錯。但我沒有後悔，因為那可能是發生在我身上最好的事。我知道，你會覺得我是瘋了才會這樣講。就像騎士隊那一段。當我在那一季離開聯盟，他們要我去看心理醫生。我知道他們覺得我有精神方面的毛病。

這種誤會總會發生在我身上。有一部分要歸咎於我，因為我不太說話。很多人會覺得我很笨或是很自閉，甚至覺得我有某方面的問題。但如前面所說，我已經知道，內向並沒有錯。

當然，十字韌帶受傷的那一天，我沒辦法抱持如此正面的想法。但我以前對很多事都有錯誤的認知。事實是，這些大大小小的傷勢給了我一個機會，讓我終於可以享受先前的奮鬥得來的果實。沒錯，我是說真的。縱使一切並不總是盡如人意。

以前，我的生活只有籃球。幾乎每一個夏季，我都訓練過量。別以為我在抱怨，我其實非常享受。年輕的時候，我的想法總是：「明天有比賽？好，那我今晚不出門用餐。」我在心裡盤算：「明天要在場上跟我對壘的傢伙今晚也許會去Jay-Z的演唱會吧？若真是這樣，我明天上場一定電爆他。」這就是我當時的思維，無時無刻專注於比賽。

我晚上會待在家裡好好睡覺，不會到處亂跑。我成了一具機器人。在街上散步、跟朋友一起吃晚餐、比賽前去欣賞演唱會，許多正常的事在我眼中都是不對的，因為我在追逐偉大。我不會從事這些娛樂，我什麼都不要，包括出門吃飯。我這樣告訴自己：「什麼成就都還沒贏到，你沒資格出去跟人家吃飯。」

我一直都是這樣看待事情的。我忍住不去渡假，希望有朝一日可以贏得冠軍金盃。到了那時，我就可以放鬆休息了。那就是我的目標，那就是我的心態。逼自己、逼自己、再逼自己，非要達到目標不可。「偉大的球員才不會那樣做。」我心想：「偉大的球員不會出去玩。偉大的球員把自己鎖在家裡。」

我早該更常散步閒逛。我早該更常出門聚餐。我早該多享受早午餐。我早該多去幾場演唱會。當然，我偶爾也會出去聚餐，但多數的時候都待在家裡。因為我覺得這麼做可以讓我在某些對手身上取得些許優勢。一切的重點都在於籃球。他們沒有那麼全心投入，但是我有。「取得優勢」是占據我腦中的念頭。

年長一點，驀然回首，我才醒悟：誰在乎那些成就？真的啊，說到底，成就有何意義？懂我的意思嗎？你說得出十二年前的最有價值球員是哪位嗎？誰在乎啊？

但當年的我知道自己有這個能力，而那些是我應當追求的東西。打籃球對我來說過於簡單。我不用靠得分都能克敵致勝。我可以掌控比賽，然後……晴天霹靂！

＊＊＊＊＊

在我的十字韌帶受傷之前，每個人都認為二〇一一賽季會是公牛隊翻身的時刻。前一年，我們才在東區決賽敗給邁阿密熱火隊。系列賽的比數是四比一，但我們在例行賽橫掃他們，而且在自家主場搶下季後賽對陣的第一勝。吞下兩場難熬的敗仗之後，我們在第四戰的延長賽再次敗北，系列賽的最後一戰也以極小的分差落敗。實際感覺比帳面上的四比一勢均力敵得多，我們似乎快要準備好了。先輸，然後學會怎麼贏。大家都聽過當年喬丹率領的公牛跟活塞對壘的故事——承受接連的落敗，然後迎來他們的時代。二〇一一年的我們就是那樣。

我們一直自認會奪得總冠軍，深信不疑。在希伯杜的執教之下，我一直覺得我們有機會衝擊總冠軍。就算在季後賽以三比一落後給熱火隊的時候，我都相信我們終會逆轉戰局。結果，歐米爾·阿西克（Omer Asik）在第三戰傷退。我認為，要是他沒有受傷的話，系列賽的結果會有所不同，因為我們隊上禁區球員的身材優於他們太多。我們信心十足，但每場比賽都有一些沒能把戰術執行好的時候。在邁阿密熱火隊極具侵略性的球風之下，失誤葬送了公牛隊的勝利。但這些真的都是我們能在落敗的經驗之後處理好的問題。

他們從第一節就開始把我困住，試圖讓我浪費能量，耗盡我的體力。邁阿密的策略很棒。但是，希伯杜帶出來的公牛隊本來就喜歡來硬的，所以我們很歡迎邁阿密的打法。我們有喬金、歐米爾、卡洛斯·布瑟（Carlos Boozer），以及科特·湯瑪斯（Kurt Thomas）這些巨漢鎮守禁區。管你來者是誰——別想贏得太容易。跟我們打球就是磨難，無論怎樣都會讓對手付出代價。每次有人切入，就要面對我們的肢體碰撞。讓勒布朗往籃框殺去，我們會對他發動攻擊。基本上一定會有兩個人跳起來封阻出手。這些小事情終將對你們造成傷害。我們不閃不避，有種就來！

他們會派勒布朗守我。出身芝加哥的我求之不得。我希望他整場都負責守我，這樣我就能耗光他的體力。我不會把球傳掉。想必他們也清楚這點，才會只讓勒布朗在第四節跟我對位。我們接下了邁阿密丟出來的所有招式，把能做的都做盡了，但他們就是能夠打出偉大好球的一群偉大球員。在比賽中的某些時候，我們似乎強過他們，但勝負總是歸結到一些小錯、失誤、進攻籃板、第二波進攻得分。也許當時的我們真的還沒準備好。那是最傷的。但我們仍相信屬於我們的時代就要到來。當年的公牛渡過了活塞那道難關，活塞越過賽爾提克那道高牆，許多球隊在迎接勝利之前都經歷過心碎敗北。

最難吞下的敗仗就是系列賽的第五戰。比賽剩下三分鐘時還領先那麼多——好像十分還是十二分——我們自認抓住了勝果。即將在系列賽追到三比二，然後我們就能重整旗鼓，到邁阿密去打敗他們，把系列賽逼到第七戰。當時就是那麼接近。然而，他們做出一些驚人的拼搶，貫徹既定的戰術，用拼勁硬是把那場比賽拿下，最後贏下整個系列賽。

更令人難過的是，我們才應該是那支靠拼勁拿下比賽的球隊。記得系列賽結束之後，我只有一個念頭：「必須回球場訓練。」我好像休息一個禮拜，然後馬上投入訓練。系列賽的結果讓我心裡很不是滋味。

在希伯杜執教之下跟邁阿密的每一場比賽都是激烈的血戰，簡直跟冠軍賽沒兩樣。很棒的比賽內容。有時候他們整場比賽糾纏我，從第一節到第四節。他們沒有讓勒布朗執行這項任務，因為那反而會遂了我的心願，但他們就是一直派防守者突襲、突襲、突襲。如下棋一般。你知道季後賽就是這樣——做出正確調整的球隊就會獲勝。他們做出了正確的調整。他們試圖從開賽就讓我消耗體力，結果也確實有效，害我過度思考，產生接連失誤。光是要保持對抗力，我就需要不斷得分，於是過度耗損自己。他們試圖讓我在防守端疲於奔命，這樣一來就沒法在進攻端對他們發動攻擊。很聰明的一步棋。

曾拿過ＮＢＡ總冠軍的ＢＪ．阿姆斯壯（BJ Armstrong）是跟我長期合作的經紀人。我就是在那個時候向他討教如何應對比賽。我們認為在比賽初期讓敵隊大幅領先其實無妨，因為我仍有能力左右最後的勝負。比分拉近的時候，我知道自己能做到什麼。所以，正確的思維應該是：「好，我們現在落後十四分或十六分，要追上去並不容易，但我會先試著把差距縮小到八分。」知道嗎，這就是所謂的氣勢——風水輪流轉。氣勢轉移的時候，球隊會變得焦慮緊繃。邁阿密就是這樣搞我們的。

但我們學到經驗。我帶著這樣的正面想法邁入下一季。不要誤會我的意思，當時的隊友都是很棒的球員，只是缺少一個像克萊・湯普森（Klay Thompson）那種等級的球星。我從沒因為這種問題感到困擾。既然同隊，我們就一起奮戰。但誰不喜歡跟另一個強大的得分手組成雙槍？我不介意隊上多一個克萊・湯普森那種型的幫手。現在回頭看，我想當時的公牛隊對此也求之不得。但這樣的補強就是沒有發生，誰都不能否認。

喬金不是那種得分手，他比較像是拚命三郎型的苦工球員。羅爾跟布瑟都很棒，但他們無法在進攻端接管比賽。在希伯杜的帶領之下，每年我的第一個念頭都是：我們有機會奪冠，或至少衝擊總冠軍。現有的隊友就足以讓我產生這樣的想法。在希伯杜養出的責任感、高度期待，以及球隊架構之下，從老將到菜鳥到教練團，人人都投身其中。希伯杜本人更是全心投入，所以每個人都效法。管理階層也很投入。我們只是還沒把該做的事情做好，但我們終究會做到。沒有理由不會。

我真的不認為二〇一一年夏季的封館事件有對我的狀態產生負面影響。有些人放馬後炮，說那年休季期間沒有照常舉辦季前訓練營，我的十字韌帶才會受傷。錯了，我依舊照常在加州大學洛杉磯分校進行自主訓練，本來還要去史提夫・傑克森——那個擁有湖人球場的傢伙——的房子做訓練。但我從不會找人分隊打練習賽。我從柯比身上學到這點。我觀察每個球員，但總是在柯比身上得到最多啟發。說真的，我跟他沒那麼熟。曾跟他一起拍攝過一次球鞋廣告——他讓我枯等三、四個小時，但其實沒有關係啦。

我覺得，沒辦法找到柯比私下的訓練影片，這件事真的很屌。他在聯盟打滾二十年。這種超級巨星身邊圍繞著看他打球的人——你知道他是偉大球員，或者必定會成為偉大球員。但他卻是如此神秘而隱私，甚至不讓訓練影片流出。我很欣賞這點，因為他要表達的基本上就是：「想知道我練了什麼嗎？上了賽場我再秀給你看。」

所以當柯比開始砍三分，對手心想：「糟糕，他什麼時候會這招？」而我每年都致力於此。我會坐在那裡，讓你知道：「我不會說服你什麼。那不是我的風格。我只用會比賽說話。」

「哦，糟糕！他改變打法了！」

我會讓你這樣想的。

分隊打練習賽的過程中，其他球員會摸清你的習性。在沒有教練的狀況下，跟你在某個公開的球場打幾次練習賽，我就會大致摸清楚你的習性，例如喜歡怎麼運球。有人把這稱為資料分析，但其實就是我們在打球的過程中看穿的東西。雖然我是右撇子，但大家都知道我喜歡用左手運球切入。然而有時候還是很難把我守住，因為我沒給任何人搶先觀察的機會。

＊＊＊＊

擁有全聯盟例行賽最佳戰績的我們在二〇一一年的季後賽有主場優勢，到了二〇一二年，我們依然握有主場優勢，所以你知道時候到了。我們之前繳過學費了。我在那一季確實受過幾次傷，但都不嚴重。例行賽最後一場對到克里夫蘭騎士隊，我沒有上場比賽。就算如此，而且賽季縮短，我依然覺得自己已經準備好了——我們已經準備好了。

從進入公牛隊的第一天起，我的夢想一直是為芝加哥這個城市贏得冠軍。當芝加哥黑鷹隊在冰球場上奪冠，我大受激勵。我夢想著把冠軍金盃帶回家。「天啊，黑鷹隊已經拿了兩座冠軍了嗎？我也要趕快拿一座。派崔克・凱恩（Patrick Kane）跟他的隊友們都已經做到了。」他們在城裡的慶祝活動以及遊行激勵了我。我想為芝加哥做到這件事，這就是我的目標。距離公牛隊上次奪冠已經快要十五年，該是時候了。我覺得自己準備好了。那時我還年輕，凡事不會想太多。我的身體狀況絕佳。也許就是因為這樣，才會在對上七六人隊的時候做出那個魯莽的動作。

東區第一對上東區第八，我本來以為我們會輕鬆輾過那個系列賽。他們在賽季之初贏過我們一次，但我們拿下最近兩場對戰的勝利。季後賽第一戰，我們領先二十分，而我感覺很棒。他們說我拿了二十三分，數據接近大三元，但我不記得了。我幾乎不太記得自己進了那些球，反正最後能贏就好。只要贏球，你怎麼嗆聲都沒用。說你多厲害，得了幾分，用灌籃讓防守者淪為海報背景——又怎樣？最後贏球的是我。我嗆聲的方法，就是笑著走回家。

我記得我把球傳出去之後就倒在地上。我記得膝蓋裡的韌帶沒有整個斷裂。我記得我就倒在七六人隊的板凳前面。現場變得安靜，而當我把手臂舉過頭，韌帶就斷掉了——撐不住了。我的整條腿都開始顫抖，失去感覺。我可以走路。站起來用那條腿走路。所以我一開始才會感到納悶：「我知道某個東西斷了，可是，媽的，我可以走路啊。」

但他們說：「十字韌帶斷了確實可能可以走路。」帶著斷掉的十字韌帶走路？怎麼可能！

「十字韌帶」是球員最不想要聽到的四個字。一直以來都是這麼聽說的。聯盟裡都在傳，說這是最糟的狀況。「千萬不要弄傷十字韌帶。」我聽說要從半月板的傷勢中康復重回球場是比較簡單的。一旦牽涉到十字韌帶，就等著復健到地老天荒。

我記得自己祈禱著不要是十字韌帶斷裂。「拜託不要是膝蓋的傷。」每個人都到醫院來了。在核磁共振的機器裡，我一邊哭泣一邊祈禱，希望傷勢不要太嚴重。等我從機器裡出來，布萊恩．柯爾醫生以及其他人先是試著隱瞞，但終究還是跟我說了。

我的人生就在那一刻改變。

我記得母親在那裡告訴我：「好了，你要設法渡過這個難關。」我發了瘋似地哭泣，無法接受事實。我說：「我不可能再把速度找回來了。」母親反問：「那你還需要速度做什麼？」

這就是她鼓勵我的方式，但那時的我聽不進去。我心想：「發生這麼大的事，先讓我鎮定一下，之後我才能跟你對話。現在我他媽難過得要死。」感覺就好像整個球季、整個生涯、整個人生都嘎然而止。我不得不自問：「好，既然都這樣了，現在該怎麼辦？」我可以轉身離去，因為當時我賺到的錢已經夠用一輩子。就此離開球場，我也能終生衣食無虞，好好過日子。

但母親跟我說：「你這樣哭，我不想聽。自己想辦法搞定。」

惡夢變成現實。年少時夢想的一切，我都以某種方式達到了。也許一路上並非十全十美，但我畢竟走到了。選擇大學也是如此。我本來以為自己會去讀北卡大，卻進了曼菲斯大學這所小學校，結果也是順風順水。所以十字韌帶受傷的時候，我心想：「一切都要重來了。」那就是我當下的想法。我沒有想到利用那段時間來精進技藝，提升自我，更上一層樓。我沒有那種正面思維。我的心裡只有籃球，而我覺得那就是自我改變的關鍵。因為當我保持那樣的想法，就會把自己孤立起來，想要獨自面對所有事情。

我知道有人說對戰七六人的那場比賽，我不該留在場上那麼久。我們領先的分數已經很夠，而我的上場時間已經太長。嘿，是我自己做了那個魯莽的動作。我往中間切入，做了一個急停墊步，跳起來把球傳到底角。那個急停墊步根本沒意義。我大可以直接出手吃掉防守者，或是把球拉回來。我打得太瘋了。

我聽到人們指責希伯杜把我擺在場上太久。我不能把這事怪在希伯杜頭上。這不在他的控制範圍之內，又不是他叫我做那個動作的。是我自己決定繼續待在場上。算自己運氣不好吧，我就是這樣看的。

重點是怎麼走出低潮，透過這個經驗學到什麼。我從中學習。我覺得現在的自己是一個更好的球員，這是真心話。以前的我不懂得控管比賽。我覺得自己現在知道如何控管比賽，也比較能跟隊友合作。我成了一個截然不同的球員，也是一個截然不同的男人。從克里夫蘭轉戰明尼斯蘇達，我唯一缺少的就是一個機會。

我從來沒跟希伯杜談論起那次受傷。怎麼能歸咎於他呢？是我自己要急停墊步，動作是我做的。根本沒有必要，我所謂的魯莽就是這個意思。我到底幹嘛要做那個動作？比賽都快結束，我們還領先很多。何必呢？這就是我該反省的。衝來衝去，莽莽撞撞，做些狂野而不必要的動作。你也看到下場如何了。

一開始，我怪罪自己。但我開始深入思考，終於了解自己落到這番田地的原因。世上的人們都在掙扎，而我應該在這個文化裡成為一種象徵。每個人都有各自的苦難、出錯的事情。不會有人沒有問題。重點是如何做出回應，如何走出低潮。所以我覺得人們會對我的境遇產生共鳴。我沒有理由不跟眾人一樣受苦掙扎。受傷之前，我活在童話故事裡。受傷的時候，我記得自己的心思打轉，想著：「他媽的，怎麼辦才好？才打第三年就遇上這種事，我要怎麼挺過去？」希伯杜在某方面跟我很像。除非信任你，不然他不會對你敞開胸懷。他讓我知道他信任我。我們很親近，至今仍是如此。但受傷帶來改變，因為那將一切真實地攤在眼前。

就在這個點上，我開始相信因果業報。你也許會說那是宗教，是我個人信奉的說法——我的母親也相信。這其實是她教我的。她從來不大聲吼叫。永不放棄是她的原則，無論情況多麼艱難。她會敘述某些她經歷過的難關，試圖讓我產生共鳴，讓我從她的觀點看事情。就是因為聽過她的觀點，我才會提到因果業報。

母親六十多歲了。做過兩次人工關節置換手術的她，本身沒有任何運動的習慣。人們因為我受傷而嘲笑我，但我看著母親心想：「你們這些人遲早也會經歷。」這就是我的看法。每個嘲笑我受傷的人，終究會遇到自己的傷痛。不是不報，時候未到。到時你能好好處理嗎？我知道上帝要我準備好，學會認識自己的身體——怎麼減重，身體組成如何。現在的我對這些瞭若指掌。你準備好了嗎？知道怎麼面對未來遭遇的難關了嗎？這是我想要問那些人的問題。

光是過一般生活，就讓母親換了兩次膝蓋關節。某種程度上，我能對此產生共鳴。她從沒有認真看籃球比賽。她都是為了孩子們而看的。我們不會談論籃球或是運動，因為那不是她的世界。所以，膝蓋傷勢讓我們有了共通的話題。我說我腳痛，然後她就會藉此開個玩笑。我們會一起哈哈大笑，笑我們的膝蓋。

我總覺得，種什麼因就得什麼果。我所說的因果業報就是這個意思。對外輸出哪種能量，就會收到哪種能量。母親跟我說過這份道理。她對此深信不疑。我從沒看過她刻薄待誰。當她對某些人惡言相向，我覺得那些人都是罪有應得。但多數的時候，她都會把不該說的話忍下來。我也總是以自己想要被對待的方式對待他人。這是從母親那學來的。這是她一直強調的。母親總在施予，所以我也一樣。我們很喜歡看到別人開心的樣子。可能只是一些小事，但我們就是喜歡在場感受那些喜悅。這也是聖經的教誨。我相信能量的流動。我相信給予什麼，就會得到什麼。

* * * * *

別搞錯了，我不是在玩滑雪板、騎機車，或是去夜店的時候受傷。我是在工作中受傷！但我覺得這個遭遇讓我成熟，也讓我放慢自己的步調。這一堆傷剛好讓我放慢腳步，給我時間去真正享受生活。我覺得自己沒有用正確的方式享受年輕歲月。

我沒有一個願意為其生為其死的宗教。但我喜歡某些宗教的教義。若要認真說信仰，我相信高於人類的存在。我相信正確對待他人。我相信十誡。我相信因果業報。我相信正面能量。我相信精神生活。這些都是我的信仰——我從每種宗教裡各取一點。

其實，每一種宗教談的都是耐心。你在某些特定的情況下能否保有耐心。你必定會在生活裡遭遇掙扎。你會怎麼處理？例如十字韌帶受傷之後，芝加哥媒體對待我的方式，讓我一直忿忿不平。但其實是我處理的方式不對。我帶著貧民窟街頭的心態去對抗，而非順水推舟。我沒有成長。在訪談時我常直截了斷地說一聲「不」，卻沒有解釋我的答案。

「何必呢？」我當時是這樣想的：「我幹嘛解釋我的答案？他們又沒資格知道。」讓我秀給他們看就好。「我何必給他們好的那一面？就這樣吧。」而這樣的反應是錯誤的，因為這就代表他們贏了。這就是我理解並且學到的東西——另一件我從這些遭遇中學到的事情。那不是我的風格，也許比較像勒布朗的作風，就像他在電視節目上昭告天下，說他要轉隊到邁阿密。你做出反應，但當你回頭看，卻發現那不是你的風格。當時我覺得這阻礙了我的成長。聽起來很誇張，但我確實因此認為受傷對我有好處，真的拯救了我的人生，拯救了我的生涯。

我以前從沒像現在這麼開心。

我並不想念十字韌帶受傷前的自己。我知道現在的我不是那個人，也永遠不會再次成為那個人，但沒有關係。因為那個人不知道真實的自己是誰。我覺得要是沒發生這些事，我會繼續走那條路，到最後會變成鮑比・費雪（Bobby Fischer）那種人，也許一輩子自我孤立。因為我會對偉大過於執著。我一直深受偉大吸引。我喜歡聽故事——我會去找偉人的故事來讀——看他們如何挑戰自己的極限，看他們把自己逼到什麼程度。最好的例子就是李小龍——我讀到超多故事，都是關於他怎麼超越自我的極限。

經歷過這些，我找到真實的自我。這些遭遇讓我了解自己是一個怎麼樣的人，讓我更渴望知道自己還擁有那些可能性，盡我所能學習，自己教育自己。我喜歡閱讀歷史，非裔美籍人士做了那麼多神奇的事情，發現或發明了那麼多東西，克服了那麼多難關，這是人們不了解的。我一直都對歷史故事很入迷。當時我不知道要用什麼詞彙描述，但我記得我說故事裡的人們「一直堅持下去」，小時候的我不知道這就叫作「毅力」。他們一直堅持下去，他們從不放棄。

我在芝加哥就是這樣長大的，所以芝加哥會是我的故事的一部分。從小大人就教我們不要退縮。反擊，馬上反擊就對了。不要允許任何人再次把你打倒。但我本身不是那種充滿攻擊性的人。我的個性就不是那樣。我總是給予別人尊重，因為我也想要得到尊重。進了聯盟的我即將成為一個不像我的人，而那個傷勢就像暮鼓晨鐘把我敲醒。

我領悟到的另一件事就是，籃球只是一項運動，一種遊戲，一個娛樂觀眾的東西。而我碰巧適合在這個系統裡打滾，就像一枚棋子。當然，就算你把整顆心都放在上面，籃球也只是暫時的。我領悟了這個真相。我覺得就算沒有受傷，他們也終將把我棄若敝屣。有看到他們怎麼對待史蒂芬・柯瑞（Stephen Curry）嗎？還記得吧，幾年之前，史蒂芬就是一切。結果，凱文・杜蘭特（Kevin Durant）轉隊到勇士。當史蒂芬連續兩年拿下最有價值球員的時候，你以為他們會把聯盟拱手奉上。結果呢？他受傷了。這就是馬戲團大戲。這就是下一波潮流。

毅力就是柯比之所以是柯比的關鍵。毅力就是我之所以這麼欣賞他的原因。你知道自己不可能永遠是聯盟第一人，但柯比打到第十四個球季，仍處在聯盟第六左右的位置。多麼難得？聯盟裡風風雨雨，柯比永遠在逆境中繼續挺進，經歷每個偉大球員的全盛期——勒布朗、崔西・麥葛瑞迪（Tracy McGrady）、賈奈特。場外的風雨，他也沒少經歷過，依然繼續前進。只能說他擁有達到這個水準的自律。

當ＢＪ跟我談到我在新人球季為芝加哥帶來多少營收，我就開始懂了。當時我們正在回顧新人球季在季後賽跟波士頓賽爾提克的對壘。我從來沒想過這方面的事，我以為只有藝術家才有這方面的影響力，例如來到城市裡開演唱會的歌手之類的。我從來沒把自己看作這些人的一份子。那些是我會特別買票去看的人。那些營收應該歸功於球隊。懂我意思嗎？那應該是隊上每一個球員的功勞。

但是，想到柯比到芝加哥來出賽，我就懂了——你覺得球迷買票進場是為了看柯比還是夸米．布朗（Kwame Brown）？環顧球場，就會看見球迷們都穿著誰的球衣。我突然眼界大開，看清楚狀況了。跟我有一樣成長背景的孩子，單純打籃球，比賽愈來愈大，離開家鄉去別的城市作戰。你夢想有朝一日成為那些大人物，但從來沒有想過，自己其實已經是那些大人物的一份子了。

這讓我開始意識到一個事實：一切從來就不只是運動而已。我很慶幸自己很年輕就紅極一時，但也很高興那樣的狀況結束了。若非如此，我很可能把自己弄得亂七八糟；我很可能對他人的感覺不屑一顧；我很可能凡事都怪罪別人；我很可能會說：

「你讓我分心。你對我有害。」腦中只顧著我、我、我。想想某些偉人——李小龍、鮑比・費雪——他們都受盛名所累。

當年的我也是一樣。把時間都花在體育館裡，那是我最有信心的事。我不會炫耀或是宣揚，像別人那樣因為籃球而歡慶。沒這種事。但論及工作態度與投入於籃球的時間，沒有人能對我說三道四。當時的我愈成功，就會變得愈飢渴。然後，我想要的就會愈多。

所以，我並不會因為十字韌帶受傷而感到後悔，真的不會。回首過去還滿酷的，因為我即將變成另外一個球員，人們將會驚呼：「哇靠，他的打法完全變了。」就算我的故事沒有觸及很多讀者，對於那些在我離開之後碰巧讀到我的故事的人們，我希望他們能夠體會我付出的努力，讀懂重要的訊息。

我想到被我稱為籃球母體的東西。我曾經深陷其中。正因為陷在母體裡，我才會發出豪語：「為何我不能成為聯盟的最有價值球員？」那只是我的第二個球季，聽到的人一定心想：「這傢伙知道自己在講什麼嗎？」然後我就真的做到了。全都水到渠成，因為我打得夠好，身邊的一切也以我為中心運轉。

媒體跟炒作等等的，總是追隨著贏家。就在我整個人投入的時候，十字韌帶斷了。我問母親：「為什麼會這樣？我真的搞不懂。為什麼、為什麼、為什麼？」

如今，年齡稍長的我回首前塵，看我從傷勢過後走了多遠，看我有了多少成長，我漸漸懂了。其實我得到了改變一些孩子心態的機會，考量到我長大的地方——芝加哥南區的恩格爾伍德。我當時的夢想之一是成為億萬富豪，我還真的到處跟人這樣講。但我變了。現在我想要努力做一些事情。有朝一日，我會成立一個基金會。我會雇用人們在那個基金會工作，我自己也會親自為基金會做事。目前籃球仍是我的生活，但是當時候到了，我想要隨時待在基金會。無論做什麼，我都要全力投入。

許多跟我出身於同一個地區的孩子沒有得到那麼多的關愛。他們在童年就必須承受太多事情。我要這些孩子知道，我們需要他們每一個人。我們關愛他們。我要這些孩子停止自私的想法，因為他們現在的思維方式，就像對待電玩遊戲。他們的生活就像是在玩一場不會回饋關愛的電動遊戲。到頭來，受到傷害的只會是自己的家人。

孩子們需要學習——要有耐心。每個人都想要立竿見影。正因如此，我不太用Instagram，社群媒體會讓你變得沒有耐心。

我二十歲就被丟到大人的世界，對於財務金融一無所知——信託、股份、債券、選擇權等等的，我啥都不懂。能怎麼辦？就這樣被丟到複雜的世界——一個內向者——毫無金錢觀，對聯盟也沒有什麼了解，只是想要打籃球而已，對籃球有著純粹的愛。無論好壞，繼續上場拚搏。就這樣獲得了好多成功。

但我並不享受。最有價值球員？先擺到一邊吧。我不珍惜。我在記憶中甚至找不到一個跟家人一起外出吃飯的夜晚，一次都沒有。最佳新人？那本來就是我的囊中之物。「好，拿到最有價值球員了。看看我能不能再拿一座。」一切都來得太快了——確實如我所願，卻沒有如我所想的那樣令人愉快。我只是不斷把成就都先堆到一旁，因為我認為「還要做這些事情十五年。」於是我就一直累積豐功偉業。我全神貫注於此，卻在不知不覺之間成了一個自戀的人。困於母體，深陷其中。

很少人有能力在場上跟場下都過得風風火火——只有麥可・喬丹跟艾倫・艾佛森（Allen Iverson）那種人。他們能夠上場打得狂，下場玩得瘋。一般人無法承受蠟燭兩頭燒，我看過太多人因為這樣而油盡燈枯。我試著把全部精力都放在球場上，結果快被逼瘋。十字韌帶的傷正是終結這一切失控的第一步。

3. 家鄉

我在一個毒窟裡長大。那是保利納（Paulina）七三〇五號的一間平房。我現在的性格有一部分源自那樣的童年。我記得曾經拿著一根快克吸食管去問外婆：「這是什麼？」她很快把那根菸管從我手中抽走。我不知道自己做錯什麼，我以為那只是一根冒著煙的水管，所以我把它拿給外婆，心想：「不要讓它爆炸。」

房子裡的人會偷我東西。他們偷走我的戒指，那是祝賀我出生的新生兒戒指。上面刻著代表小熊（Pooh）的P。他們偷走《小鬼當家》的對講機，我都會用那個錄下聲音。就這樣偷走了。小時候的我大概花了兩年找那具對講機。能想像嗎，我找了兩年耶。我一直以為我把它放在某個地方。他們——叔叔伯伯們——偷走我的玩具，溜溜球還有電子雞。

屋裡可能住了十或十一個人。母親的哥哥們、其中一個人的老婆、他們的表兄弟姊妹、我的表兄弟姊妹、我的兩個哥哥，還有外婆。只有四個臥房，但我們把屋子切割為五六個小空間，擠在裡面睡。幾乎樓上的所有地方都可以變成臥室。每個人都可以走進去睡在沙發或是某個平面上。樓上的小走廊是一間臥室，可以勉強擠進去的小衣櫃也是一間臥室。

我上高中之前都跟母親睡在一張床上，因為屋裡空間不夠。而且，跟母親待在一起我也確實比較自在。等哥哥們稍微年長，就開始在附近的街頭混。你也知道，這時候他們都不希望家裡的小弟弟跟著。所以大部分的時候我都在獨處。

那是一個瘋狂的家庭，而我有時候懷疑自己是不是有創傷後壓力症候群。隨時都有可能出事情。我的表姊康朵拉就整天被捲進衝突，通常會鬥贏。她是兇悍的一方。她總是有比較好的球鞋，像是新出的喬丹鞋。小時候，遇到重要的比賽，我常拿她的鞋穿上場。因為只有她的球鞋鞋底的刻紋還沒被磨平，所以我會把腳硬塞進去。

她以前常牽扯附近街頭的紛爭，有好幾次當我在街邊玩耍，突然四台車停在我家門前，然後幾個人拿著棍棒跟槍枝從車裡跳下來。所以小時候的我在家裡聽到樓上表兄弟姊妹們摔角打鬧，如果有人跌倒或是撞到什麼，我都會以為是有人衝進屋要找康朵拉，因為她又惹出什麼糾紛。所以每次聽到聲響，我都會衝上樓躲起來，以為有凶神惡煞闖進家裡。我的心跳快到爆，害怕地想著：「完了，他們又回來了。」

那個堂姊現在仍住在芝加哥，過得還不錯。我也記得有幾個朋友跟一個年紀比較大的傢伙混在一起。這個年紀比較大的傢伙開車載他們出去，說自己需要注射毒品，結果不知為何殺了我一個朋友，另一個朋友也被他開槍打中頸部，但靠著裝死逃過一劫。都是些幫派分子的鳥事。你不得不在這些狗屁倒灶的事情之中成長，因為周遭的環境就是這樣。你不是幫派的一份子，但幫派就在你的身邊。你可以試著迴避，但怎樣才能逃脫？

我知道人們會說都是住在那裡的人造成的，那些非裔美籍人什麼都不顧，成天打打殺殺。但這就是沒有人提起的種族主義，那些白人發動的種族主義，造成這些悲劇的種族主義。已經二〇一九年了，你會以為，作為人類，我們早該成長，尤其當奴隸制度已經被廢止那麼久。

每個人都很喜歡假裝美國在進步，美國人是偉大的。這樣的美國怎麼可能偉大？

連真相都不敢面對，要怎麼偉大？真相是，你們用不對的方式對待黑人。真相是，你們說只要努力得到文憑，就能得到機會，但很多人不管怎麼做都不會有機會。他們連一隻腳跨越門檻的機會都沒有。

人們不了解的是，住在我住的地方，有很多陷阱等著你掉進去。這個地方困住了很多人。很多人被關起來——人數甚至比奴隸制度時期還多。

看看學校吧。哪裡的學校先關閉？都在南區。然後政府再拿錢給私立學校，資助那些本來就有錢的人。看看我們擁有的書本、使用的實驗室、對考試的準備，根本跟芝加哥其它地區不能比。結果他們還說我們這裡的人都懶得工作，只想要拿免費的救濟。他媽的胡扯。我母親都一次兼兩三份工，隨時都在幹活。有時她比我早出門，我打算翹課，但她總會打電話回家確保我乖乖去上學。她會等孩子們練完球才回家，什麼你想得到的工作都做，但家裡的錢還是不夠，因為那些工作的薪水真的低得可憐。儘管如此，她仍總在找工作做。

看看戴利家族掌管芝加哥時的所作所為。你以為丹瑞安高速公路（Dan Ryan Expressway）之所以建在那裡，背後沒有原因嗎？他們為了保護橋港區（Bridgeport）

與戴利家族，刻意把南區隔開。橋港區的街上，到處都有警察在守著。接著，那些建築物被蓋起來——他們說那叫作公共住宅——其實就像監獄。高聳的樓房，人們住在裡面，就像關在牢裡。

別跟我說芝加哥都是販毒的幫派，我再清楚不過了。芝加哥以什麼出名？艾爾·卡彭（Al Capone）跟義大利幫派份子，沒錯吧？到處開槍掃射。電影都是這樣拍的。有讀過關於一八九三年芝加哥世界博覽會的報導嗎？那麼多女人失蹤。大家對此避而不談，搞得好像芝加哥這個城市在一夕之間瘋掉似的。他們試著把一切弄得像是黑人在鬧事，全都是瘋瘋癲癲的黑鬼搞出來的。拜託一下，戴利市長的家族以前專做私酒生意，會找幫派份子到處毆打黑人。怪我們這些黑人囉？

這現在成了一場災難，但不要假裝事態是突然演變至此。身為一個住在芝加哥的非裔美國人，你能擁有多少出人頭地的機會？芝加哥其實默默進行著種族隔離。非裔美籍的你很有錢，但要試著在芝加哥買一棟建築或是添購房產並不容易。我自己就曾經打算在市區購入房產，卻被拒絕。當時我女友想開一間美髮店，所以我想在密西根大道（Michigan Avenue）幫她買一間店面。結果我被拒絕了。我手握資金，但他們跟我說在那裡往來的人都比較「都會」。懂我的意思了嗎？我們這些黑人不要隨便踏足**他們的**密西根大道。

於是，我們住的地方沒有足夠的店家與公司，因此沒有足夠的工作機會。當你想要自己開店，他們又說不行。當他們說不行，不知道為何，卻又成了我們的錯？

作為一個社群，要我們如何成長？

所以很多人只好販毒。這不是什麼大規模的生意，我的哥哥們都有做過，只是為了養家活口。沒有販毒的幫派。

為什麼賣這些毒品就要進監牢呢？酒精不是毒嗎？香菸不是毒嗎？只因為太多白人的公司靠著這兩樣東西賺錢，所以賣菸賣酒就沒關係。你覺得喝酒開車死的人多，還是吸毒開車死的人多？但反正問題都出在非裔美籍人？正因如此，我才會在艾瑞克·加納（Eric Garner）被紐約警察殺死之後，穿上印著「我不能呼吸了」（I Can't Breathe）字樣的T恤。

我懂住在那裡的孩子，也知道他們真的渴望改變。他們想要有機會去爭取其他人都有的東西。所以我才不斷自問：我的家鄉真的有足夠的機會嗎？因為我有的是錢，卻**還是很難**找到願意幫助黑人出人頭地的人。困在這個系統裡，似乎每一個發展的方向都被阻斷。

首先，光是要得到最基本的工作都難。你有受教育嗎？我們就來想想教育吧。為什麼讀個大學要花這麼多錢？因為孩子的出身而不讓他們受教育，這算哪門子的爛國家？醫療也是一樣。人們因為生病而傾家蕩產。這樣公平嗎？政府就應該致力於這些事情，國家才會擁有更好更健康更聰明的人民，不是這樣嗎？這對每個人都好，對國家也好。目標就是一代人比一代人優秀。那為何人民還要為了教育跟醫療花大錢？

如果說目標是確保人類與社會的進展，我們就必須負起責任。光是紐約就有足夠的億萬富翁，可以照料全部的開支。

這太誇張了。教育跟健康怎麼會是有價的？小時候懵懵懂懂，不會去思索這些。我很幸運，會打籃球。我跟家人都從籃球上得到許多。但當年紀漸長的我回頭看，會為那些不如我幸運的孩子們流淚。

我們很多人的爸爸是不住在家裡的。所以，很多孩子基本上沒有家庭。我很幸運，有一個堅強的母親，還有親近的兄長們與家人，但許多孩子受到負面的影響，人生沒有希望。

這就是我現在要做的。以身作則，拋磚引玉。光是要探討這個議題就不容易，因為必須挑戰這個社會體系裡既有的規則。我知道這些孩子想要把生活過好，我待在他們身邊，跟其中很多孩子都認識。但很多時候，他們連一個機會都沒有。得不到資源。想都別想。所以一週七天，每天二十四小時，都只能努力生存。住在那樣的地方，你的心思總是：「出什麼事了？接下來又有什麼狀況？了解，現在不能經過那個街區。」

好幾百萬個小孩沒有跟其他人一樣的機會。所以我才想要賺到以前掛在嘴上的十億美元。擁有那樣的財力，才能真正有機會去影響在這個社會運作的許多東西。有朝一日我會做到。我會再次重返當年的地位。

我現在能做的一件事情是，在恩格爾伍德尋找出售的建築物。我尚未購入太多棟，因為打籃球仍是我的首要任務。我認為自己不能一心二用，所以必須先專注於球場。但我已經做了一些事情，試著提供幫助。都是默默行善，不多加張揚，因為這就是我的作風。

我跟喬金・諾亞以及他的基金會合作，也參與麥可・弗萊格（Michael Pfleger）神父跟他的反暴力運動。我出錢整修了莫瑞公園的球場與籃架，就在我們保利納老家的街角。以前我整天都待在那個公園，為了打球努力把球場的雪剷掉。我現在把球場整修好了，孩子們就能在那裡好好打球。我也捐了一百萬美元給After School Matters計畫。

不是每個人都能跟我一樣靠籃球打出一片天，所以我很以羅斯獎學金計畫為傲。二〇一八年十一月，來自田納西的埃爾伯托・歐提茲得到一萬美元，支付他在中田納西州立大學就讀的費用。阿拉巴馬的曼迪森・卡孟希索爾贏得兩萬美元的獎學金。羅斯獎學金計畫首獎的贏家是鳳凰城的迦百列・李。他得到二十萬美元的高額獎金，資助他在密西根州大的人體運動學研究。

我對他們的未來抱持很高的期望。能為人們做這些事，我心懷感恩。說真的，這才是我想追求的。重點是孩子們，而如果你想對社會有所貢獻，我能認同。我從小就注定會進入ＮＢＡ，但這是很少見的。籃球生涯這條路幾乎是被強加在我身上，但我沒有要抱怨，這是我的幸運。如果你想要在正確的地方留下痕跡，就去做一些跟教育有關的事吧。等我從球場退休，就能在慈善事業上加倍親力親為，也能留給我的孩子們一個引以為傲的東西。

我的家庭、居住的房子、附近的街區，有這麼多小孩以及表兄弟姊妹跟我一起長大，所以我會更想要幫助孩子們。我喜歡成立獎學金，因為不只能幫助人，還能讓社區變成一個更好的地方。再說，誰知道這些孩子們長大後還會回來對社區做出多少貢獻呢？最重要的就是對青少年的照料。

我也幫忙支付葬禮的開支，這是你不會到處說的事。我試著默默行善。我知道那些人經歷什麼，也知道葬禮有多花錢。我有過同樣的經驗，非常多次——想要好好埋葬某個人，但就是沒有足夠的錢。為了籌錢四處奔走，只希望能用恭敬的方式讓所愛的人入土為安。你看這有多慘？

我經歷過。我是家裡年紀最小的，所以總待在年長的人身邊，聽到這些對話。也許那些話並不是身為孩子的我應該聽到的。但總之在我的家鄉長大，會時常聽到死亡，後事怎麼處理等等。很讓人傷心。就連求一個基本的安葬都不夠錢，會不會太過分？有人被殺了，家屬還要煩惱去哪裡籌錢？拜託一下好不好！

＊＊＊＊＊

當然，我現在已經不住在那區，但還是要知道那區發生些什麼事。所以我會跟住在那裡的人們聯繫。他們告訴我那一區的現狀。我有時會回去，開車繞一繞，看看有沒有適合的房產可以購入，以便改善整個區域。我退休後絕對會致力於此。我現在知道怎麼投資了。我有一個很棒的團隊，有精通財金的人，還有我的經紀人，以前是阿恩．泰倫（Arn Tellem），後來是BJ阿姆斯壯。我欠阿恩跟BJ太多了。回頭看他們照顧我的方式，說真的，意義非常重大。他們確保我不會錯失任何東西。當時我處在那樣的位置，他們大可以佔我便宜，但他們沒有這麼做。

所以我覺得我的故事是寫給那些了解這種掙扎的人看的。讀者會有所共鳴。縱使現在人們還沒有深入了解我。但我覺得他們能感受我所經歷過的。我不在社群媒體上娛樂大眾。跟其他名人不同，我不會用Instagram吸引粉絲。但我覺得人們在某種程度上可以了解我。我想那是因為我總是保持真實的樣貌，不講屁話。而很多時候媒體很把名人的屁話當一回事。我只會做自己。

就像前面提到的「我不能呼吸了」T恤。那個男人被殺的地區，跟我成長的背景很像。那裡看起來就像是我家附近某個店家門口。我大有可能到過那樣的地方，見證過那樣的事件。而做為一個旁觀者的我能對警察做什麼呢？只能喊著「嘿，天啊，你鎖他喉！你會把他殺了！」

看到這個新聞之後，我聯絡我最好的朋友朗多。我請他把那句話印在T恤上，當作一個制止警察對黑人施暴的請求。那是二〇一四年的十二月，公牛對勇士的比賽。穿上那件T恤走出來，我知道這個舉動將會掀起波瀾，因為我的隊友們全都震驚了。原因不在於我，但我看得出大家的腦中都在想著什麼。

人們會不爽嗎？我平常不是那種愛說話的人，不是那種一直發表意見的人。我覺得這反而會讓我想要表達的東西有更大的聲量。我的意思就是這樣。像這種事情，簡簡單單的。我在乎的事情，可以幫助到某些人。這就會是我想要表達的東西。

奇妙的是，我本人沒有跟警方有過類似的接觸。我的膚色比較淺，這在我住的地方會帶來滿大的差別。如果你的膚色偏淺，人們會覺得你比較軟弱。我在鄰里間沒有打過架，只有私下跟朋友打過。但在外頭我必須擺出不一樣的姿態，必須裝作很強悍，裝做自己很能打。「人不犯我，我不犯人。」

高中時，我曾被抓到警局關過，因為賭骰子。但真正的原因，是我那偏淺的膚色。沒在說笑。警察找上我，就只是因為我看起來比較天真。那筆前科一直留存到我十七、十八歲。事發之後再也沒有任何違法犯紀的行為，他們就會把這個紀錄消掉。當年我十五歲，地點是學校後面，二三十個小孩聚在那裡擲骰子賭錢，但其實我在球場上打籃球。一名員警悄然現身，賭骰子的人全都裝做自己在打籃球，開始大喊：「下一隊該我了吧！」然後一直走來走去，避免跟警察接觸。

我在場上運球，那個警察走到我面前。現場有三十個青少年，偏偏挑中我。為什麼？我想他在我身上看見某種無辜。他知道其他的青少年都會逃跑，而我不敢惹麻煩。逃跑是會吃子彈的。這種事我們都見過。

於是，他們把我關進警局。我在裡面待了大概六小時。母親不得不離開工作崗位，來把這個因為賭骰子被捕的孩子接走。但她的反應不大。想必是因為哥哥們太常惹禍上身。她知道比起哥哥們的麻煩，這件事不算什麼。

哥哥們惹事，但多半不嚴重。我想住在那裡的每個人年輕時都賣過毒品，除了我跟我大哥之外。我的哥哥們也不是大家會說「千萬別動他們」的大人物，不是鄰里間會特別提防的角色。他們不會帶來騷亂，從來沒有。但大家就是知道，只要跟我們其中一個過不去，我們也不會退縮。我們沒有想要威嚇任何人。我就是用不一樣的方式行事，周身散發著不一樣的氛圍。我不會帶著一股很強的氣場現身。我不會頤指氣使，呼來喝去。跟大家相處的時候，我顯露出來的態度比較像是：別來煩我就好。

我的哥哥們讀的是霍伯高中（Hubbard High School），他們全都有打籃球。杜威後來去了安默斯特學院（Amherst College），只讀一陣子。瑞吉先進短期大學，再去讀愛達荷大學（Idaho University）。至於艾倫，他本來應該要去賓州的羅伯特・莫里斯大學（Robert Morris）打籃球。但他終究沒去。記得某一天，瑞吉開著他的車，突然停在我前面，問我：「你哥去哪了？」他把車飛快開走，所以我知道出事了。

我回到家，看見瑞吉正在痛毆艾倫，因為艾倫說他不要去讀大學。看到此情此景，我心中暗想：「只因為他說不讀大學，就把他打成這樣？」嗯，看到艾倫被痛扁的慘狀，我想我以後還是去讀大學好了。

艾倫拿獎學金讀書，是除了我之外的兄弟裡最會打球的。但是他被困在街頭的生活裡。他成了我最大的負面教材，讓我知道什麼是不該做的。我見證街頭的生活如何改變哥哥。不是吸毒，而是販毒。沒有參加幫派，只是試著賺點錢過生活，給家裡一點補貼。其實多數毒販的出發點都是如此。人們不讓你到市區開店創造工作機會。你看到附近的店家一間一間關門，例如二〇一八年底大舉歇業的塔吉特（Target）量販店。他們都搬到環境更好的區域開店。愈來愈多工作機會就這樣流失了。我沒有賣過毒品，從來不碰那些東西。看到哥哥經歷的事情，我告訴自己絕對不能走那條路。

艾倫是我遇過最惹人厭的傢伙之一。所有人都會被他激怒。我小時候，他很愛欺負我，往往用很瘋狂的方式。我在學校的成績通常不錯。中學期間只吃過一次F。有一次，我的成績單上有一科只得D，艾倫就跟我說：「D就是笨蛋（dummy）的縮寫。」他就是這愛噴這種討厭的屁話。但他是真的聰明，所以我也沒辦法嗆回去。某天晚上，他在房裡包裝毒品，我在旁邊。他從沒誇過我，所以我知道那次很不一樣。

他跟我說：「你以後千萬別幹我幹的這些鳥事。」我在他的房間無所事事，只是待著而已。然後，他再說一次：「千萬別幹這鳥事。」

我說：「你根本不用擔心我會去碰毒品。」

他說：「小鬼，你在場上是個冷血殺手啊。」

意思是我真的很強——他是要說我真的很會打籃球。聽他這麼說，我心想：「天啊，他知道我會打球。」母親就不知道。當我還在讀小學的時候，家裡沒有人知道我的籃球水平到哪。但透過口耳相傳，人們跟他說：「嘿，你家小弟超猛的耶。」

他是第一個知道我真的能打球的人。我自己也稍微知道，所以他提早警告我。他要確定我不會走上他那條路。

也因為這樣的方式，家鄉的街頭也自動為我讓路。我見過太多次了。很多人不來找我麻煩是因為：「幹嘛去找他麻煩？」找德瑞克的碴不會讓你得到街頭的認可。德瑞克安安靜靜的，從不多管閒事。而且，他超會打球。

在家鄉的鄰里之間，已經到了每個人都知道我有朝一日會打出名堂的程度。想像一個小孩得到這種特殊待遇。我每天都會遇到毒蟲，每天都會與危險擦身而過，但沒有人會真的試圖傷我或動我，因為大家都知道我有一個夢要實現。我會挺過童年，我會離開這裡。甚至沒有人跟我表明，比較像是一個共有的默契——很奇怪的感覺。

跟你們說個故事。我從不碰毒，但我賭錢。骰子跟籃球，是我的遊戲。我要跟你們說起的這個人叫作戴昂，他已經死了，但我小時候頗崇拜他。他讀柏根高中（Bogan High School），會打籃球，總是穿得很炫。當我的籃球實力開始在街頭傳開，戴昂認為我要搶他的風頭。我還很小，才六年級，他已經是高中生。

某天，我聽到家門前有一群小孩的腳步聲。他們敲門大喊：「小熊在嗎？叫他出來啊。戴昂在外面嗆說要單挑。」

我想：「是在搞哪齣？」於是我上樓拿表姊新買的喬丹鞋，把腳塞進去，綁好鞋帶，偷溜出門。

抵達公園後，我看到他的高中生朋友們聚在那裡。他們說：「沒錯，把這小子叫來。」戴昂的態度就是：「我要電爆你。」我們於是在街頭的青少年面前一對一單挑。

但結果是小熊贏了。我愛死那天了。那不是什麼正式的大賽，卻是會留在我記憶裡的時刻。我超開心的。對六年級的我來說，那是一個大日子。但也從那時開始，我察覺到自己不太一樣。鄰里間的人開始討論了。我是唯一跟大人一起打球的小孩。大概也是在那個年紀，我知道除了自己生活的地方，外面的世界還很大。

就是在六年級，我第一次到外地旅行。我開始打美國業餘體育聯合會的比賽，隨隊前往明尼蘇達。那也是我第一次離開伊利諾伊州。那時我才知道，生活有改變的可能。透過電視和雜誌，你知道人們在別處過著不同的生活，但總覺得不太真實。到明尼蘇達親眼看看，讓別處的生活變得真實。但我能做什麼？我只是個小孩子。

我也在六年級第一次前往芝加哥市區，第一次離開我住的區域。我去克雷恩醫學預科中學打一場冠軍賽。我們在開車前往賽場的途中迷路，讓我第一次就近看到那些真正的摩天大樓。

* * * * *

母親完全不是種族主義者。她對待每個人都一樣，所以我不曾聽她說白人怎樣怎樣。母親從不用跟我談論種族，我猜那是因為她知道我是個什麼樣的孩子。母親也不曾跟我談論警察等等的事情。感謝上帝，我沒有碰上那些處境。說真的，多半是運氣好。信不信由你，我第一次看到種族主義者，是在《傑瑞·斯布林格秀》上。

我記得走過叔叔房裡的電視，看到節目上在講三K黨。才六、七歲的我什麼都不懂，開始哭了。我以為每個人都相親相愛，雖然我到高中才第一次真的認識白人，跟他們說話。而到了大學，我才第一次跟白人同班。但我從沒感覺有什麼不同。

然而，回到家，你看到有人被槍托重擊，近距離聽見槍聲。你在公園打籃球或玩骰子，因為聽到槍聲而暫停一下。你聽到槍聲就知道事發地點距離多遠。因為太常聽到了，所以可以辨認事態的嚴重性。已經習以為常，所以不會馬上逃回家。你知道槍響發生在幾個街區之外。「好，有人在兩個街區外開槍，繼續玩骰子吧。」我住的地區就是這樣，還有很多地方也是。

聽說過暴力文化嗎？像是肯塔基州家族之間的故事——哈特菲爾德家族與麥考伊家族之間的世仇——無止盡的互相殘殺。非裔美國人似乎就困在類似的漩渦裡。在我長大的地方，你殺了我的三個表親，任何方法都不可能讓我把恩怨一筆勾銷，不可能讓我停止憎恨你。那裡的世態就是如此，只有足夠堅強的人才有既往不咎的肚量。失去的家人數量這麼多，我們很難學會原諒。

戴昂就是其中一個。因為他弟弟做的某件事，他在早上七點被槍殺。在我成長的地方，你不能招搖過市。我朋友曾把他弟弟送到別人家裡住一個夏天，因為有些地方去不得。不久之前，有個男孩在我的家鄉被槍殺，只因為戴著AirPods耳機。被殺的時候，他甚至不知道自己被子彈射擊。他有一個雙胞胎兄弟，槍手殺錯人了。這就是那裡的日常，但沒有人應該過這樣的生活。

舉我家為例。我每天晚上都被蟑螂咬，母親必須趁大家睡著時用殺蟲劑把蟑螂都噴死。我被蟑螂咬醒，然後戴著蟑螂的咬痕出門上學。殺了千千萬萬隻，還有另外千千萬萬隻。某次我家進行薰蒸殺蟲——我忘記我們躲去哪裡，希爾斯百貨之類的——回家之後每個人都要幫忙掃蟑螂屍體。

現在跟朋友玩著西洋棋的我，無法想像當時的生活。我在六年級迷上賭博，七年級整天看鄰里間的大人賭博。我整天待在莫瑞公園，他們現在把它叫做「兇殺公園」，因為那裡發生太多槍擊。我太常待在公園，根本不記得什麼時候要播公牛隊的比賽。我整天跟比較年長的孩子或是大人打球。正因如此，我學會不靠出手，也能控制比賽。跟大人們打球不能一直出手，不然他們會不讓你打。

我記得瑞吉說我有他的投籃手感，有艾倫的彈跳力，還有杜威的運球。速度是我自己的。但瑞吉說那是為了逃脫他的皮帶追打而練成的。

4. 母親

長大的過程中，我不太了解NBA。我知道芝加哥有一支叫作公牛隊的球隊，不知為何總是在贏球。我迷的其實一直都是籃球本身，不是任何一支特定球隊。我沒有所謂最愛的球員。現在被問到這問題，我會回答麥可・喬丹，那是因為他對籃球這項運動的意義太大了。但我小時候從來沒有為了看喬丹打球而把眼睛黏在電視螢幕上。並沒有對他不敬的意思，但我當時就只是很愛打籃球，然後一直打贏，沒去多想別的。

我曾試過打網球。麥考密克會展中心（McCormick Place）有一個課程，讓我們借用球拍。我贏過不少比賽，還拿了一些獎盃。母親還保留著它們。但網球這項運動太昂貴了。我也打過一陣子棒球，但我們的教練是一個毒蟲。我想如果連他都不認真看待這件事，孩子們要怎麼認真打球？所以我就不打棒球了。籃球簡單多了，任何時候你都可以自己去公園打。

然後，他們說我可以靠打球賺錢。我還真沒想過這種事。所以我開始注意事態的發展。我想要提一下O・J・梅歐（O.J. Mayo）。他才是我真正想要追逐的人，家喻戶曉的人物。七年級的時候，他是我就近看過最厲害的球員。他是我的度量衡，用以驗證所有其他球員的拉什莫爾山。我一直跟自己說：「希望有朝一日能跟O・J對壘。」但我們之間的比賽總是被取消。

終於，我們在中學時的某個夏天對上了，他用一記瘋狂的四分打拿走勝利。談到追逐目標，對我來說一直都是比O・J強。甚至到了進聯盟的時候，我心心念念的都還是O・J。

我本來不知道勒布朗也會給我這份感覺。我一直以為自己的目標就是O・J，直到我看見勒布朗。我心想：「哇靠，這根本是另一個等級嘛。」進入聯盟是另一回事。雖然我是勒布朗的球迷，也看過很多他的比賽，但跟他在場上對戰又是另一個層級的事情了。

＊＊＊＊＊

我們搬離保利納。上七年級的時候，我們住在南馬什菲爾德（South Marshfield）七二五七號。上高中的時候，我們住在南塔爾曼（South Talman）六七〇一號。外婆過世之後，母親決定搬離原本的房子。那時候叔叔們吸毒吸得很兇。而且他們都沒有工作，因為當時我們住的地區工作機會就是嚴重不足。負擔家裡一切開支的母親開始感到厭煩。高一那年我與艾倫搬去跟她同住。

我持續靠賭博幫家裡賺錢，賭籃球跟骰子。我打籃球從沒輸過。遇到大比賽，他們會在我身上下注五百或一千美元。我也在加油站打工幫母親賺錢，也為了當時我們想要養的一隻寵物賺錢。我跟一個高三的朋友養了一隻小狗。她媽媽不想管我們，所以我們就把狗留著。但我們沒錢買食物餵牠。我們坐在那裡思考弄到狗食的方法。我想：「我的膚色淺。我看起來比較無辜。如果我去加油站討工作，也許他們會付錢讓我做事。」那只是另一個幫我們弄到錢的方法。

我把自己住的房子稱為毒窟，此話不假，裡面確實一直有人在吸毒。但事實並不那麼簡單。大家都把這種事稱為什麼，矛盾嗎？我住的房子是個好玩的地方，但不是因為毒品。小孩們都想待在那。我總是試圖離開家裡，心裡的念頭往往是：「不了，我要離開這房子。」但其他小孩老是說：「走啦，去小熊家。我家裡規矩太多，我們去他家玩吧。」我的母親，整個大家庭，房子裡有太多事情在發生。母親總在玩遊戲，打牌等等，屋子裡總是迴盪著歡聲笑語。

小時候，我兩度差點丟了小命。都是蠢到不行的事。第一次是在七月四日跟我的朋友喬許一起搞的。我住的房子是街角數來第二間。街角停著一輛拖吊車，停在那裡差不多三十年了。當時我們大概十二、十三歲。喬許走過去把拖吊車的油箱蓋子打開，扔了一根點燃的火柴進去。什麼事都沒發生。他點燃另一根火柴，又丟了進去，一條火柱噴射出來。瞬間，到處都是火苗追著我們。喬許的手燒起來了。我慌了手腳，心想：「我們要怎麼跟你媽交代？」他的手馬上起了水泡，流膿什麼的，非常可怕。所以我們只好說謊，說是國慶日的煙火造成的。不敢承認我們差點把自己搞死。

另一次是誤喝漂白水。不是故意的，不像最近流行的汰漬洗衣膠囊挑戰。我跟朋友們在屋外跑來跑去，玩鬼抓人。已經跑了三十分鐘左右的我衝進屋裡找水喝。母親正在洗衣服，桌上擺著洗衣用品。有兩個大杯子。我看到其中一個杯子裡的液體是清澈無色的。我很急，因為外頭的遊戲仍在繼續。「要趕快出去才行。」那杯看起來就像水。我心想：「太好了，媽媽留了杯水給我。我不用自己倒了。」我記得把那杯灌下去，下一段記憶就是眉毛上沾滿牛奶醒來。母親說我昏過去，然後開始嘔吐。她打電話請處理中毒的人來看看情況。他們叫她餵我喝牛奶，幫我把漂白水吐乾淨。我記得那應該是九歲或十歲的事。都是些小孩子會做的蠢事。

＊＊＊＊

我是老么：德瑞克．馬特爾．羅斯。母親讓哥哥們為我取名，他們最後取了這樣的名字：德瑞克．馬特爾。他們挑了這個名字，我從沒問過緣由，沒有認真問過。至於姓氏，最猛的還是我媽。羅斯其實不是我們真正的姓氏。照我長大的方式來看，我應該姓布蘭菲爾德（Brumfield）。我應該叫德瑞克．布蘭菲爾德。那是母親娘家的姓氏。

她跟湯米・羅斯（Tommy Rose）結婚，後來離婚了。但我們保留了湯米的姓。杜威是大哥，大約比我年長十五歲。瑞吉跟我差十三歲，艾倫跟我差七歲。我不太記得杜威有待在家裡。我比較有印象的是，小學的時候我會去杜威住的地方過夜。

我不知道自己的生父是誰。我記得小時候曾問過母親，但有些事是人們不想談論的。那就不要打破砂鍋問到底。基本上，我就不再拿這個問題煩她了，直到我長大些，懂得怎麼用比較成熟的方式表達，而非直話直說。她在三十四歲的時候跟我的生父「有過一段關係」，後來不再跟他聯繫，他也搬到別的地方了。從此之後再無此人的音訊。我猜想他過世了。我在中學時就覺得他應該已經不在人世。他一次都沒有聯絡過我。

所以，對我們家來說，湯米・羅斯就是父親。他是大哥杜威的生父。湯米至今仍跟我們有往來。他還會拜訪母親在霍姆伍德（Homewood）的房子。我們仍然把他看成家裡的一份子。母親跟所有在一起過的男人們離異，但他們在離異之後仍繼續維持朋友關係。

我不只把湯米看做跟母親在一起的某個男人。在我小的時候，湯米就是一個父親一般的角色，因為他一直都在。所有的男性之中，他是最常陪伴在母親身邊的大人。

至於可能帶來壞影響的那些男人，母親不會把他們留在身邊。湯米有在工作，一直都有，他甚至打過越戰。瑞吉跟艾倫的生父也有跟我們家往來，他的名字也叫艾倫。母親跟她的那些男人保持開放關係。一個女性能夠這樣，其實還滿屌的。很不一樣。別忘了，都是她主動離開對方。都是為了我們這些孩子。母親讓我佩服的另一點，是她堅決遠離毒品，縱使她的兄弟們一個個都是毒蟲。

母親出身海德帕克（Hyde Park）一個環境清苦的家庭。她大概十五歲的時候懷上杜威，於是在中學二年級輟學。外婆說她不會幫忙養孩子：「這是妳自己的責任。」所以從那時候開始，母親努力掌握生活，最後還是把我大哥生下來。她總靠著工作來支撐所有的家計，也必須為此放棄學業。助理、學校的秘書，還有各種零散的小工作。但有時候某些工作的地方出問題，她可能一連好幾個禮拜都沒薪水可領。我親身經歷過。想像一下，我在那麼小的年紀就目睹這樣的景況，坐在桌子前跟母親一起整理帳單，計算她手頭所有的錢，然後看著這些錢全都得用來付帳。我試圖在腦中消化，納悶著：「媽的，怎麼可能會這樣？每個人都要經歷這種窘境嗎？」

努力試圖掌握生活的過程中，我愈來愈依賴賭博。我覺得母親付出那麼多，自己一定要做些什麼來幫忙。

那大概是七、八年級的事。我一直都在打籃球，從五或六年級開始打正規比賽。但我也拿籃球賭博。都是小賭局，擲骰子比跳投之類的。我這輩子沒賣過毒。跟我一起長大的朋友，我把自己視作他們一份子的朋友，大家都不碰毒。我很幸運身邊有他們，也很幸運跟他們住在同一個街區。看母親為家裡做了那麼多，我賭博賺來的錢全都自動上繳給她。

賭骰子贏錢的時候，我會把錢偷偷塞到母親的錢包，給她一個驚喜。所以當我需要錢，感覺不像是跟母親討。懂我意思嗎？如果我需要二十美元，我就直接跟她拿二十美元，因為我上禮拜才給了她一百五十美元。我也販賣耐吉（Nike）送給我的鞋。那是大生意。他們整天寄鞋子來給我。因為我的籃球水準，只要我要求，鞋子隨時送到。

一雙鞋可能要價兩百五十元，我會賣一百五十元。要怎麼處理這些鞋都可以，沒有規範。我自己會先穿個幾次，然後我朋友會問：「你要賣那雙喬丹鞋了嗎？」我可能會說：「對啊，我穿夠了。」最有價值球員的頒獎典禮上，我談的就是這個。沒有預先擬好稿，只是意識到我們經歷了這麼多，而母親一直都在我身邊支持著我，跟我一起經歷所有風雨。我做夢也沒想到會以這樣的方式說出來：

「布蘭達．羅斯，我的愛，我的一切，我能這樣打籃球的原因。知道有些時候我不想去練球，經歷了那些艱難的日子，把我叫醒，出門工作還要確保我沒問題，還要確保家裡沒問題。都是些苦日子。我的生活不難，因為我愛我的工作，也就是打籃球。妳每天都支持我繼續走下去，我愛妳，謝謝妳當我的媽媽。」

我說了，這些都是發自內心的肺腑之言，當下最真實的感覺。沒有事先準備過。看到母親坐在台下，回想她為我們做的，為我們經歷的，對比我們現在擁有的。我看她做著自己厭惡的事，沒有職涯，只有工作。我不需要經歷這種困境。我熱愛自己的工作。我的生活不一樣。說真的，我沒什麼好抱怨的。而這就是我說出那段話的原因。我見證一個堅強的人——堅強的女人——經歷不尋常的艱苦，而她安然接受。安然接受獨自照顧四個兒子，安然接受為每個人犧牲奉獻。

正因如此，我一拿到錢就幫她買了那間房子。她在霍姆伍德看到一間喜歡的房子。她看過幾個地點，最後選了一個比較封閉的街區。她很愛打探街坊的事，住那裡正好可以看見周遭發生的一切。鄰居是一名警官，對她來說簡直完美。

購屋當下我還不明白這件事對她的意義有多大，其實應該說，對所有家人來說意義有多大。買房子給媽媽住，我以為那是天經地義的事。但隨著年紀增長，我了解這不單只是如此，因為一旦有了房產——有錢人都懂這道理——就可以傳承給下一代，這間房子現在是**我們的**，誰都不能從我們手中拿走，我們終於可以大聲這麼說。我們從沒有過什麼可以傳家的東西。現在我們有一個家，能夠以羅斯一家的身份販售或是做各種處理。那是一切的開始。從小窮到大之後，就算住在我位於洛杉磯的高級房子裡，我們還是會談論最初買的那間房。我們時時談論著。家人們坐在一起聊天，總會有人流下淚來。不敢相信，不敢相信我們走到了這裡。

母親跟很多朋友處得來。她以前常打撲克牌。她很愛說話。跟她親近的人一個接著一個離開人世，她需要哀悼。她的兩個弟弟死於毒品。第三個弟弟跟她住在一起，但不知道往後的情況會如何。她的阿姨走了。她阿姨的女兒也走了。她的三個姊姊走了。她有九個兄弟姊妹，其中有很多已經不在了。她以前都會跟這些人講話。那種生活對她來說是特別的。你也知道，年紀愈大，愈想找人說話。如此健談的母親有時候會覺得自己已經找不到說話的對象。看她這樣，我很心疼。

這一直是我的負擔。我最怕給她壓力。「喔不，你這樣會給你媽壓力，她會早死。」我總是擔心母親在還沒見到我功成名就之前就去世。在公牛隊的比賽開打前，我都會給母親一個飛吻。她坐在上層的包廂，說她也都會還我一個飛吻。她說我是上帝給她的禮物。她在地下室布置了一處像是神壇的地方，貼滿我的照片與報導。所以伴隨著我長大的念頭就是：「我要好好打籃球，踏上另一個等級，拜託一定要讓母親看著我做到。」一直以來，這都是我打球的動力。

5. 西蒙高中

「小熊」這個暱稱是小時候外婆給我的。在我住的那個地方，大人會給你取各式各樣瘋狂的小名。我是一個膚色淺黃的胖小孩，又超愛吃糖果。因為嬰兒肥，他們就叫我小熊，說我像小熊維尼。後來漸漸把維尼去掉，只留下小熊。

到了六、七歲，因為太常跑來跑去，我的嬰兒肥漸漸消了。但我還是超愛吃糖。所有你想得到的糖都吃。我以前會直接用勺子跟杯子挖砂糖來吃，沒在開玩笑。我會把砂糖藏在衣櫃抽屜，方便想要的時候隨時取用。嘿，也許這些糖就是我速度超快的秘密。星期六我會整天一邊吃糖一邊看《金剛戰士》（Power Rangers）。我知道很難想像，但我就是愛《金剛戰士》。那是我鍾情的節目。

我現在比較少吃Skittles彩虹糖了。我在公牛隊時收到一台Skittles彩虹糖機器，跟朋友一起把機器裡的糖全吃光。從那次之後，我大概整整兩年沒碰Skittles彩虹糖。現在我喜歡Airheads糖果條、Twizzler扭扭糖，以及Gushers爆漿軟糖。我的牙齒？別擔心，幾乎都是假的。這要歸功於泰·吉布森（Taj Gibson），他在某次的訓練營用一記拐子打爆我的眼睛，同時打落我九顆牙齒。

到了六年級，我第一次體認到自己的籃球水平跟別人不一樣。我們在朗道夫·瑪格奈特小學贏得六年級組的冠軍。那所小學只到六年級。我前面提過，外婆就是在此時過世，於是我們從保利納搬到馬什菲爾德。我必須搭公車到畢斯里學術中心，接下來幾年就在那裡上學。升上高中，我們又搬到六十三號以及塔爾曼。我哥瑞吉跟他老婆要搬家，我、母親與另一個哥哥就搬進瑞吉家裡。當時我住在閣樓。

在畢斯里的時候，我們贏得七年級、八年級、九年級組的冠軍，在十年級輸掉，接著又連續拿下十一年級與十二年級組的州冠軍。於是，大家開始談論我。這從來都不是我想要的，但就是在那個時候發生了。

說穿了，其實就是一堆艱苦鍛鍊——真的是一大堆。該我的好友德瑞（Dre）登場了。綽號德瑞的安德瑞·漢林（Andre Hamlin）比我年長，大概差了有十歲。但他會跟我去比賽，有時就坐在場邊。有點像是很多小孩需要但卻沒能擁有的那種成年男性角色。他幫助我遠離錯誤與麻煩。

知道麥爾坎・葛拉威爾（Malcolm Gladwell）提出的一萬小時理論吧？要精通一項技藝，必須投入一萬小時的練習。那就是我心裡所想的。德瑞也跟幫派有所牽扯，但那也就只是我們鄰里間的日常。他是一個試圖將生活導入正軌的人，所以才會跟球隊待在一起，提供各種協助，幫孩子們做正確的事，助人也自助。因為他跟這些孩子有過一樣的經歷。他也是在那樣的環境長大，所以我想他知道我多麼飢渴，知道我多麼渴望變強，渴望成為一個更好的人。我知道他沒有心懷不軌或是暗藏鬼胎，真的完全沒有。我覺得他追逐著正當生活的夢想，而對我的協助就是實踐的一部分。

上了高中之後，我跟德瑞每天放學都會一起去做訓練。他會開車一路載我到霍姆伍德，因為那裡有一間體育俱樂部。等我做完訓練，他會開車載我回家。當時我從來沒有認真想過：「為什麼他要為我做這麼多？」我只覺得他就是一個知道我想要闖出一片天的人。我的存在感很低，就算跟我待在同一個房間，你也很可能沒察覺到我在。但他知道我想要追求偉大。他能理解。他好像要把我推到距離目標更近的地方。

也許是因為他在我這個年紀時有過沒能實現的夢，我不知道。生命中就是需要有這樣的人在。如果有遇到，算你幸運。在我長大的地方更是如此。

我很常跟德瑞深談。從高中到大學，我會想到女生，也會想到錢。我可以問他任何問題。我想要變成最好的自己。我也在那段期間開始察覺自己對比賽的感知跟多數球員不同。我知道自己可以左右比賽，甚至不用透過得分。只需要運用我的速度、時機選擇，以及反應就能做到。

進了球場練習，他會叫我做現在後衛很愛使用的錯腳上籃。如果把我放在比賽裡讓我臨場發揮，這樣的動作我能信手捻來，但經過思考之後的行動對我來說就有點太過機械化。所以當我傷癒復出，尤其是十字韌帶的傷勢之後，很多人不了解我為何沒辦法把球打好。我必須從頭學習怎麼走路，怎麼踏每一步，怎麼做所有動作。而我偏偏是一個自然的球員，習於靠本能臨機應變，看到對手的動作之後，不假思索讓身體自由發揮。但傷癒之後，我連怎麼走路都要思考。本來的我看到一個縫隙，就有足夠的速度穿過去，也有足夠的彈跳力可以直達籃框。

＊＊＊＊＊

我選擇就讀西蒙高中，是因為我最好的朋友朗多・漢普敦（Randall Hampton）。我們在六或七年級相識。他爸爸把他帶到我們隊上，自己還成了球隊的助理教練。我在公牛隊的時候，朗多是陪著我南征北討的人。其實在我進聯盟之前，他就跟著我到處比賽了。他現在擁有一間貨運公司，跟我依然親近。我的生活哲學向來如此：盡量接近家人與少數幾個好朋友，你了解並且信任的人——你愛他們，他們也愛你。

我可以選擇別的高中，但我就是想要跟好兄弟待在一起。現在的西蒙有點像是一間籃球強權。當時我沒思考這些，只想去讓我感到自在的地方。看到一群朋友在那，隨口說聲：「嘿，最近怎樣？」這就是我想要的感覺。這就是兄弟情義。

西蒙高中教導的是紀律，那是當時很多人需要的，包括我自己。那裡的紀律很嚴苛，比你所能打聽到或設想到的都嚴，至今仍是這樣。但這讓你知道那些小孩想要讓自己變得更好。在成績單上拿到D，或在球場上做出一個自私的傳球，你就麻煩大了。這樣的紀律讓一切變得不容易，但是我能認同。那是自己要的，所以不能抱怨。

為了紀念班・威爾森（Ben Wilson），西蒙高中最好的球員總會穿二十五號球衣。球隊第一人能披上二十五號戰袍，其他人再挑剩下的背號。大一新生訓練的時候，學校發了一本班・威爾森的人生故事給大家——裡面什麼都有寫，包括他如何在學校門口被殺害。如果沒有那場槍擊，班・威爾森可能會是史上最偉大的球員之一。我還記得拿著那本書閱讀的情景，進了球隊之後又聽了不少故事。那就像某種神話，關於這個半人半神的各種傳奇。你不會想要辜負二十五這個背號。

身為高一新生，總會想要來場驚天動地的處女戰。大家都會跑來看看新進的高一球員是不是有真材實料。我記得曾經去看高一的謝倫・柯林斯（Sherron Collins）打球。當時八年級的我心想：「天啊！他不是蓋的。我明年就要跟這種人對壘嗎？」他並沒有瘋狂取分，但在好手如林的芝加哥，如果一個孩子可以頂住在校隊打球的壓力，你就知道他是真的能打。高一的他就能輕鬆把球帶過半場，這並不常見。而在芝加哥，你就是想擠進稀罕的菁英族群。某些人終究沒有像我一樣在NBA發光發熱，但他們在高中時期真的是傳奇球員。

高一本來就是艱苦的一年，如果加上初戀，真的會把自己搞死。我的初戀情人是一個名叫瑪琳娜的女孩。後來她劈腿，對象是我認識的人，那個男生的親戚在我們球隊——是我的隊友。那件事讓我心碎，絕非誇大。我不吃東西，整整一週食不下嚥。我沒有哭，但就是吃不下。當時的我肝腸寸斷，儘管後來有些感情也沒有善終，但我就是特別把這個事件拿來激勵自己努力鍛鍊。「好，劈我腿是吧？等妳在電視上看到我的時候，別忘了這件事。」就是些高中生會想的蠢事。我知道現在聽來很傻，但當時的我就是靠這個念頭挺過去的。

這個時期另一件奇怪的小事，就是我愛上荒原路華（Range Rover）這款車。我知道這聽起來很怪。我跟東尼．阿倫（Tony Allen）的弟弟萊恩是好朋友。當東尼效力於波士頓賽爾提克隊的時候，他把自己的荒原路華留給他弟開。所以高中的時候萊恩都會開那台車載我們，而我就這樣愛上那款車，夢想著有朝一日可以入手這輛特別的車子。其實，當我被選進NBA，拿到第一筆錢，第一樣購入的東西就是一輛荒原路華——嗯，在買給母親霍姆伍德那幢房子之後，她想住在那裡，靠近能陪她聊天的朋友。那曾是我的夢想。我一直都對自己的錢很謹慎，第一步就是擁有一個很棒的團隊，像家人一樣。我的理財顧問跟我的銀行合作。共有三方，彼此相互監督制衡。

然後我再把一切連結在一起。我會插手，但我也仰賴專業。我投資信託基金。我不會拿錢冒險。

扯遠了，回來談西蒙高中吧。高一那年，我們拿下市冠軍，但我不能隨隊去打州冠軍。當時的教練漢布瑞克（Hambic）立了一個規定，就是一年級新生不能為校隊出戰。我知道他不會為了我改變原則。我本來有機會跟球隊一起去爭取州冠軍，但他說球隊沒有我也可以。很令人失望，但我已經為了朗多選擇這所學校。隔年就會輪到羅伯特・史密斯（Robert Smith）教練掌權，而他在我六年級時就看過我打球了。

史密斯教練曾跟我說，他本來以為跟我同為六年級的隊友鮑比・特林伯（Bobby Trimble）是最好的球員，因為分數都是他在拿的。但教練說他後來了解到我根本不需要得分。就像高二奪冠那年，我在決賽好像只得了兩分。但隊友們都得到關注，這讓我很開心。我知道自己是奪冠功臣，但我也同時為他們高興。他們這輩子都會記得自己曾贏得那場決賽。對我個人來說，當時的一大進步是，在對手做出動作之前，我就已經知道他會做什麼了。這讓我對比賽本身有了截然不同的解讀。我想這就是我能傳出那麼多助攻的主因。

但我在高中打的不是控球後衛，而是小前鋒。我當時打的東西很像後來賈貝瑞・帕克（Jabari Parker）打的，差別是我只有六呎三吋。他做的我都做：下擋、空拋、罰球線兩側掩護、拉開一對一單打。我也能以小前鋒的身分持球推進。我們隊上球員的體型都不錯。朗多是控球後衛。我以前的打法比較受控。直到打AAU比賽，我哥瑞吉把我拉去打控球，我才開始展現截然不同的球風。如我所說，我就是在那時找到自己的第二人格：穿著一號球衣的砍將。

＊＊＊＊＊

在西蒙讀高一的首戰是一場大比賽。壓力大到嚇人。但當我投入比賽，所有壓力煙消雲散。擊敗桑伍德高中（Thornwood）之後，就開始屢戰皆捷。有許多好玩的比賽——有些沒那麼好玩——血戰與宿仇。大學賽場的你會更有名，職業聯盟的你會更有錢，但沒有什麼比得上高中的世仇對決。你終究會打太多比賽，多到什麼都不記得，但不會忘了高中時期的那些世仇對決。

高二那年，我們在分區賽經歷兩度延長，輸給鮑比・佛萊瑟（Bobby Fraser）坐鎮的賴斯兄弟高中（Brother Rice）。我們被擺了一道，就在幾乎每個人都犯滿離場的時候，裁判還在罰球線附近吹了犯規。那是一場浴血之戰。我記得兩隊都在攻守兩端打出漂亮好球，是一場強度非常高的比賽。

記得接近NBA選秀的時候，消息說我可能會被芝加哥公牛隊或是邁阿密熱火隊挑走，我心想：「不是為自己的家鄉打球，就是跟德韋恩・韋德（Dwyane Wade）同隊。兩種結果都不吃虧。」我以前從不知道韋德這名球員，聽都沒聽過。我跟他出身同一座城市，但從沒看過他打球。沒有對韋德不敬的意思，但長大的過程我聽到的事蹟都是關於威爾・拜南（Will Bynum）、蕭恩・達克力（Sean Dockery）、派屈克・貝佛利（Patrick Beverley）、謝倫・柯林斯，還有那個後來去讀葛蘭布魯克北區高中（Glenbrook North）的白人喬恩・舍耶爾（Jon Scheyer）。聽聞的都是那些真正的大戰，但是抱歉，其中不包括韋德，縱使他後來變得如此強猛。

高三贏得市冠軍那年，場場比賽都是激鬥。舍耶爾最後四場球的平均得分大概有五十分，但我們最後還是擊敗他的球隊。至於派屈克・貝佛利，天啊，他真的不是蓋的。看看現在聯盟裡的他有多強悍，對上誰都不會退卻。你愈強，他愈要用力挑戰你。高中的比賽，每一戰都是如此。可以拿來說嘴的事蹟比名氣更重要。我們曾在芝加哥州立大學跟貝佛利所屬的約翰馬歇爾高中——我們都習慣簡稱馬歇爾——打過一場表演賽。他們以二十分之差獲勝，差距不能說不大。他們痛電我們二十分，貝佛利丟下不少難聽的垃圾話。現在的他也會這樣，但當時更誇張。我的天啊，輸了二十分，之後竟然還要跟他們爭州冠軍。

也許你們不知道這件事，但基於一些奇怪的高中規定，他們會刻意讓兩個不同城市的球隊對上，所以不會出現兩支芝加哥城市爭州冠軍的情況。就是在那一年，我們在一場低比分的比賽中擊敗皮奧里亞・里奇伍茲高中（Peoria Richwoods）拿下州冠軍。那是繼一九八四年之後，西蒙高中的第一座州冠軍。

我們也在那年擊敗喬恩・舍耶爾的葛蘭布魯克北區高中。舍耶爾真的很能打。我們知道對上他們會是整個賽程之中最艱困的比賽。我記得我們場上五個人都要隨時注意舍耶爾跑到哪個位置。他好像在某一場比賽的半場就砍了五十分。城裡很多人都認為白人小孩不會打球。但是當你在AAU到處征戰，往往大開眼界。回到家之後，你不會到處跟人說：「我被那個愛荷華州的男孩電爆了。」這種事我都不講的。

我不會用長相、名字，或是膚色來評判一個人。只要你站在場上，我就給你尊重，就這麼單純。正因如此，籃球場才會是如此美好的一個地方。整個世界都應該跟籃球場一樣。大家正面對決，然後握手言歡。上了場，我們都知道怎麼對付對手，因為每個球員都有在AAU出賽，所以我們都知道即將面對的是哪種型態的球員。我們知道對方有何能耐。

至於馬歇爾高中，我們擊敗他們，然後我記得自己在賽後走去跟貝佛利說：「祝你在大學打球順利。」他的高中籃球生涯結束了，對於身為應屆畢業生的他來說，那是最後一場高中賽事。在之前以二十分之差吞敗之後，那場勝仗堪稱甜蜜的復仇。那就是讓人很愛的高中宿敵對決。我就喜歡這種垃圾話。我不會在比賽中跟對手講話。我喜歡談論最後的勝負。

我記得打敗摩根公園學院（Morgan Park）的那場比賽——嚇死人了。走出球場，外頭有一群戴著滑雪面罩的男人等著。我們到他們學校踢館，賽後出了一堆狀況。鬥毆爆發。我看到大家分散各處，打人的打人，踹人的踹人。所以到最後你也只能一起摻進去幹架。我原本跟朗多走在一起。回過神一看，他摀著鼻子，嘴巴被打爆。那是一個瘋狂的夜晚。但在公立學校聯盟打球，有時候就是這樣。競爭過於激烈，情況很容易失控。

＊＊＊＊＊

我只打過兩支AAU球隊──「殘酷大街特快車」（Mean Street Express）以及我的母隊「法拉利」（Ferrari）。離開法拉利之後，我哥為我安排了殘酷大街特快車。那基本上是我的球隊。瑞吉不想從零開始打造一支AAU球隊，所以他聯繫已經存在的殘酷大街，跟他們說：「聽著，我弟籃球超強。可不可以在你們這裡開一支B隊給他打？」若你真有實力，他們就會挺你；如果沒有，什麼都不用談。

殘酷大街特快車的後場有我跟艾瑞克．戈登（Eric Gordon）。我們在耐吉青少年菁英籃球聯賽奪冠，那是世上最盛大的AAU賽事。而我們是第一支首度參賽就奪冠的球隊。

高中快畢業的時候，我差點跟戈登一起去讀印第安納大學。他本來答應去幫伊利諾伊大學打球，後來又反悔，而我準備要跟他一起去印第安納大學。就差那麼一點，但母親跟我：「先去睡一覺，明天醒來你會知道自己要的是什麼。」起床後我覺得曼菲斯大學會讓我感覺比較自在。

北卡羅來納大學一直是我的夢想學校。鮑比·佛萊瑟是其中一個原因。當他去讀北卡大，我心想：「哇賽，他們真的有在關注這裡的孩子。」懂我意思嗎？我的看法就是，如果他們有注意到鮑比，那也很可能觀察過我打球。所以我想我也許可以去讀北卡大。

我收到的第一封徵募信件來自康乃狄克大學（UConn）。沒錯，很令人興奮。我把那封信貼在房間牆上。大學徵募很瘋狂，但對我來說並非壞事。我哥幫我處理所有的會面，但總會有狀況發生。我記得那段期間曾到市中心參加一場派對，然後在一間凱悅飯店過夜。突然電話狂響，把我吵醒。我哥說：「嘿，快回來家裡！」

於是我在大半夜趕回家。某個白人已經從車裡跳下來——當時我們住在塔爾曼——質問我的嫂子艾瑞克·戈登為何放棄伊利諾伊大學。她嚇到了，以為這個白人要傷害她。所以她打給我哥，說她被人襲擊。她說有人在家這裡，說要付錢給我們等等的。

卡利帕里教練不來這套，他的做法簡單直接。首先，他來我家拜訪。伊利諾伊大學的布魯斯．韋伯（Bruce Weber）絕對不願意這麼做。卡利帕里是第一個真的開車到我家門口的教練。開著他的悍馬車直接來訪。我根本不知道曼菲斯在哪，沒有親戚或認識的人住那。於是我去了一趟，大概了解一下卡利帕里教練的體系之後，我覺得自己可以融入球隊，跟學長們合作。

我喜歡北卡大，在電視上觀賞北卡跟杜克的經典對決，嚮往北卡大的名門傳統。所以我想去讀。我的口袋名單包括北卡羅來納大學、加州大學洛杉磯分校、印第安納大學、堪薩斯大學、帝博大學（DePaul），以及伊利諾伊大學。

我哥不想要我去加州大學或是北卡大參觀。他可能覺得我會馬上答應校方。他想要我深思熟慮之後再做決定。他真的把我擺在一個可以自己掌控人生的位置，而不是反過來被人生掌控。人們一直以為都是家人幫我做決定，其實我頑固的個性從不允許這種事。

年紀比較小的時候，我心裡只有北卡大，到處跟別人說我要去那裡讀書。而讓我放棄伊利諾伊大學的原因，就是布魯斯．韋伯不願意來我家。也許我本來就不會去伊利諾伊大學，但我覺得他不敢來我家，是因為我們住的區域太亂。在我看來就是這樣，所以我就把伊利諾伊大學從名單上剔除了。我的想法是：「憑什麼都是我去看你們？」我以前有時會溜進伊利諾伊大學打球。但你就是不願意來我家一趟？

卡利帕里教練是我選擇曼菲斯大學的主因。

他有雄辯滔滔的天分，但卻總是對我開誠布公。他告訴我的母親，要在他的球隊待下來，我必須服從他的指示。他對待我母親的方式贏得了我的敬重。他對待她的態度就好像兩人已經認識二十年了。他抱持著絕對的尊重，而看到一個白人像他這樣真誠對待我們，對我來說意義重大。

成長的過程中，我的周遭沒什麼白人。進了大學我才第一次跟白人同班上課。所以一個白人男性進到我家跟母親說話，讓母親清楚他的來意，展現了他的敬意，確實是件非同小可的事情。我可以感同身受。他說話算話。他是一個有操守的人。這也是我尊敬他的另一個原因。

我知道有些人是怎麼說卡利帕里的，但他對我總是有話直說。「孩子，如果不能遵從我的指示，你在我的球隊待不久。」倘若沒去曼菲斯大學，我可能會選擇印第安納大學吧。在造訪學校之前，我真的沒想到自己會答應去讀曼菲斯大學。到了學校才發現，那裡讓我感覺自在，就像家一樣。

隊上有比較年長的球員，比較成熟。大家都很專注。彷彿每個人都擁有共同的一個目標，執行共同的一項任務。回到家之後，母親要我先睡一覺再決定。她說：「我現在不想知道你的選擇。明天早上起床再決定吧。」入睡之前，我的確還在考慮印第安納大學。我知道艾瑞克．戈登要去那裡，這構成很大的因素。起床之後，我的心裡只剩下曼菲斯大學，於是我走下樓告訴母親。她有點訝異，但她知道他們會好好照顧我。後來我跟曼菲斯大學一路闖進冠軍決賽。

* * * * *

高三那年，我為西蒙高中拿下睽違已久的冠軍。如我前面說的，那是一場低比分的比賽，終場比數好像是三十一比二十九，而我投進最後的致勝球。二十九比二十九平手的時候，對方從邊線發球。我旁邊的德克斯（Dex）是隊上最擅長防守的後衛，專門騷擾對手。他把球抄下來，直接把球放到我手中，就像美式足球的傳遞。我記得自己一拿到球還很緊張，於是邊運球邊跳了一下，意思就是：「好，來吧。」

我記得後來史密斯教練說，光是看到我跳步運球跟臉上的表情，他就轉頭跟板凳區說我們會贏。但其實我心裡很害怕，有點像是麥克・泰森（Mike Tyson）踏上拳擊場之前的那種害怕。在累積到足夠的次數之前，一定會怯場。我現在不會了，但比較年輕的時候確實會緊張。

跳著運球之後，壓力就消失了。心裡的念頭只剩下：「我得採取行動。」那時的我已經進入攻擊模式，準備自己出手。起跳之後，我心想：「靠，這球會進。成功了。」投進關鍵一擊、順利執行一套戰術、輕鬆上籃得手，世上沒什麼感覺比得上這些。跳躍著運球代表著即將幹件大事的自信。

我記得自己看清對方的防守陣式。他們整場比賽都採取區域防守。當然，我要往左切。我是一個愛往左切的右手球員。那球是一記拋投，就像二〇一一年封館之後的聖誕大戰，我帶領公牛隊擊敗湖人所投進的絕殺。當時我心想，只要能夠切入禁區，我就能拋投出手，進球的機率很高。

高中第四年，我們又有機會爭取州冠軍。很棒，但我心裡也掛念著尚恩・李文斯頓（Shaun Livingston），因為他已經拿過兩座州冠軍。生活在芝加哥，人們總會談起成就在你之上的強者。你會一直處在追逐的狀態。於是我心想：「拜託，一定要拿兩冠。我要當城裡第一個拿到兩冠的球員。」

我們順利拿下冠軍，而且我在那一個球季經歷許多強者的挑戰。我們擊敗布蘭登・詹寧斯（Brandon Jennings）的橡樹山高中（Oak Hill），然後在賭城敗給O・J・梅歐的球隊，接著又在麥迪遜廣場花園（Madison Square Garden）不敵肯巴・沃克（Kemba Walker）的球隊。就是在那場球，我把最後一擊的機會傳出去，結果隊友沒有投進。那是我的錯。身為高四生的我應該執行最後一擊。就像就讀曼菲斯大學的我在冠軍賽敗給堪薩斯大學一樣。我記得當時舉起一隻手致歉。我投失一顆罰球。輸球要算在我頭上。

卡利帕里教練會說那不可能是我的責任，但我從不逃避這種事。沒把球打好，犯了很糟的錯。我以為自己有從錯誤中學習，但後來在公牛隊又犯了類似的錯。那是二〇一五年的季後賽，當公牛隊作客密爾瓦基。我們終究從系列賽中勝出，但我害球隊輸掉一場比賽。當時執教公鹿隊的傑森．奇德畫了一套戰術，讓傑瑞德．貝勒斯（Jerryd Bayless）在最後一刻上籃得手。那場敗仗要算在我頭上，我心知肚明。我現在能有更高罰球命中率的原因之一，可以說就是曼菲斯大學時期的那次罰球失手。比起投進的致勝絕殺，我往往更記得自己犯過的錯誤。敗仗在記憶裡似乎總是更為鮮明。每年夏季我都努力鍛鍊以求進步，為了彌補前一季那些害球隊吞敗的失誤。但說起來，那些鍛鍊其實是一大樂趣。

這些歷練也能幫助你面對其它處境。西蒙高中勝率太高，所以芝加哥的球迷對我們的態度，有點像我在公牛隊生涯末期所接收到的，都是負面居多。他們早在高中時期就這樣對我了，因為我們贏了太多比賽。我記得自己跟西蒙高中的隊友們說，現在全世界都跟我們為敵。你看到所有人為了你的落敗而歡慶。非常難熬，但這種事就是會發生。我在公牛隊經歷過。沒人會想在自己家鄉承受噓聲。我記得當勒布朗轉隊到邁阿密，這種情況就在一夕之間發生。看著一個人受到家鄉球迷的厭惡，讓人感到很傷心。我也開始思索自己會如何處理這種情況。

然後，就真的換我處理這種情況了。有時候，我處理得並不好。

＊＊＊＊＊

竄改SAT成績的爭議是我高中生活的一部分。每個人都已經用自己的方式下了定論。傷害我最大的是，曼菲斯大學的隊友因此遭受牽連，全美大學體育協會（NCAA）沒收了那一季的戰果。熬過人們的放大檢視，也讓我看見大學入學機制在某種程度上可能帶有歧視。

我度過曼菲斯大學第一個學期，課業上沒人幫我，但是沒有關係。我的重心在籃球場上，已經做好準備。我在高中都沒被當，課業上從沒問題，記得某個學期的成績平均積點（GPA）還超過三點〇。成績單上只出現過一次F。我心想：「我的目標是進入NBA，不是拿到大學文憑，但很多人靠這件事謀取暴利。」

結果大家指指點點：「這傢伙頭腦不好，他這樣，他那樣，等等等等的。」

大學那個學期，在沒有任何人協助之下，我把課業搞定。我的學業成績一向不壞。對於我以及很多相同出身的孩子們來說，現實就是我們沒有辦法像其它地方的學生那樣準備考試。我們的學校不是為了升大學而設。因為來自不一樣的學校而遭受歧視的狀況時有所聞。西蒙高中不會讓學生鬼混，我們乖乖上了每一堂課。但我進大學**只是為了**要進ＮＢＡ。我們這種等級的球員就是這樣看待升學。

所以現在是怎樣？利用這些進大學打球的孩子們賺錢？剝削他們？拜託一下好不好。在芝加哥經歷這場風波的時候，我本來想要說些什麼，想要大肆抨擊借題發揮的那些人。「你們的所作所為是錯的，就這麼簡單。某些很久以前訂下的規則到了現代已經說不通了。」以前的大學並沒有跟電視網簽下數十億美元的合約來轉播比賽。敢問這幾十億美金進了誰的口袋？他們拿這些錢幹了些什麼？沒有回饋給大學球員，也沒有幫助下一代球員升學。

學校呢？錢也沒有進學校啊。倘若好好運用那些錢，情況可以大有不同。會有更多的獎助學金，會有更多人減免學費。也許不是運動員的學生也不用付那麼多錢讀大學。但是，那些錢有被這樣運用嗎？

我想人們有必要知道，上學的時候，我把該做的都做了。我沒有說自己是最優秀的學生，但我穩穩拿到C，有時甚至拿到B跟A。我有過一些很棒的老師。

所以我才會熱愛歷史——以及陰謀論。高中的布林克莉女士以及哈莉女士就是很特別的老師。布林克莉女士講授非裔美國人的歷史。但在課堂上她常對政府高談闊論，說他們在電視裡以及各處裝設監視器。我記得在平板電視還不普及的時候，她就說以後牆上都會有大大的液晶螢幕，裡面會藏著監視器，大家最好小心一點，因為政府正在看著你。我不知道要不要相信。聽起來不太對，但確實是個有趣的故事。我沒有太認真看待，但跟很多人一樣，我喜歡談陰謀論。最近我才看到報導，說中國在電視與電腦中藏入一些裝置來追蹤人民。是真的嗎？我不知道。也許不是。但聽起來是個好故事。

後來布林克莉女士死於癌症。這樣的人對你的人生來說是重要的。他們讓你開始思索，檢視這個世界。他們挑戰你，要你獨立思考。她是課堂上第一個真正吸引我注意的老師。以前我不知道自己對歷史有興趣。她講課的方式讓歷史栩栩如生。跟你講故事，讓你迫不及待想知道事情的發展，允許你拓展自己的眼界。

設身處地想想我們必須經歷的一切，還有那些像我們一樣的人每天承受的困境。我連上學都難，你還來跟我談國家考試？我昨晚被一群蟑螂攻擊。我在考試的時候渾身發癢。當我必須設法熬過前一晚的睡床，要怎麼專注在學業上？

我喜歡現在早上起床跟兒子爭論要吃什麼早餐，薄餅還是鬆餅。在我成長的過程中，早餐是沒得選的。我們只能吃吐司。所以對於兒子能夠擁有的，我心存感激。他可以好好過生活，對他人付出關懷，什麼都不用擔心。小時候有太多次，我在門廊看到車子開到路邊，車裡的人拿著棍棒或各種武器跳出來，像是你在電影裡看到那些鳥事。光是在家裡待著，這些狗屁倒灶的事情就能帶給你創傷。沒有一個孩子應該經歷這些。

我總以為只要考過了最後的考試就沒事了。那就能代表我注重所有層面，代表我能完成課業——而我也確實做到了。籃球太過重要，我不得不為了籃球而注重學業。只要考過那個考試，就能證明我沒有在跟誰打哈哈。而我確實考過了。的確，我不見得都會做回家作業。但我在課堂上的表現還可以。老師有時會因為缺交回家作業而給我D，意思就是：「嘿，自作聰明的小子，我給你D是因為你不交回家作業，但你的考試成績還過得去。」

回家作業跟籃球沒法比。我一回到家放下書包就往外跑，往球場出發，自己練投，如果有雪就把雪剷乾淨。如果有骰子賭局，就去擲幾把骰子，或去加油站打工，因為家裡需要錢。而我總是獨自做這些事情，直到母親下班，有時她會在旁邊等我打完比賽，再跟我一起走回家。這就是我的生活。

搞清楚，要不是有至少讀一年大學才能進聯盟的規範，我早就在ＮＢＡ打球了。我明年就會棄學打ＮＢＡ。你以為我會是唯一這樣做的人嗎？起初，我不確定自己是不是只會在曼菲斯大學待一個球季，但在球季期間卡利帕里教練的態度是：「我要把球隊交給你，用你平常的方法打球，我們會追隨。」然後全隊每個人都全心投入球場。我唯一擔心的就是進大學能否專心打球。只要挺過第一個學期的課業，我就沒問題了。我的心態就是如此。職業聯盟才是我的目的地。

6. 歧視與信任

我沒有真正遇過什麼種族歧視，沒有因此起過什麼衝突，但身為一個黑人，走到任何地方都可以感受到無聲的種族主義。我無法在芝加哥市區買房子給我女友開店，就是一例。他們不能明講，但你知道背後的原因就是種族歧視。在曼菲斯發生過一件事——不是什麼大事，但還是能讓你知道這個國家有問題。

某天早晨，我正要走回曼菲斯大學的宿舍，有一台皮卡車上面坐著三、四個白人青少年。我記得他們刻意把車慢慢駛在我身後。一開始只是小聲說：「黑鬼，怎樣？」我記得聽到三、四個人在笑，等著看我反應。我裝作沒聽到，繼續往前走。其中一個白人大聲喊：「黑鬼，怎樣？」我聽見了，只是看著他，然後繼續走，因為來自芝加哥的我們習慣來真的。如果你要開啟爭端，那就真的開戰，不要在那邊搞些小動作。所以我就逕自走開，當作沒這回事。那確實是我在那裡唯一經歷過的一次事件。

我沒有跟誰嗆過什麼，但那些在曼菲斯叫我黑鬼的白人絕對沒種來芝加哥一趟，造訪我住的那區。所以種族主義者就是孬種——躲在一群人裡面假裝自己很猛。芝加哥那裡的人也會嗆聲，不同的是，他們真的會互相殘殺。

之後還有遇到類似的事，我都一笑置之。我會讓你知道我懂，但遇上種族主義，我總選擇比較有格調的做法，因為我覺得那些人的靈魂是黑暗的。我不需要接觸那種能量。你們要四或五個人聯手挑釁我，我不會說些什麼。我就走自己的路就好。

但我會看清楚你們的臉，所以如果哪天讓我看到其中有人單獨出沒……你知道會發生什麼事。目前還沒有哪件事讓我跟人鬥毆。但當我看到類似警察暴力等等的事件，很難繼續保持沉默。雖然也有很多好的警察存在，但老鼠屎就是會壞了一鍋粥。

＊＊＊＊＊

愈了解當地，我就愈以身在曼菲斯為傲。當然，馬丁・路德・金恩（Martin Luther King Jr）就是在那裡遇刺，所以當地設有國家民權博物館（National Civil Rights Museum）。而他也是在那裡為黑人奮戰，支持為了公平待遇而罷工的垃圾工。又是一個偉大的非裔美國人，在乎他人，願意為人犧牲，最後真的犧牲了自己。說到這裡，我想到我的偶像之一亞瑟・艾許（Arthur Ashe），他如此英年早逝，真是悲劇。

除了高中時期的朗多之外，跟我最親近的隊友就是喬金・諾亞，而這又跟亞瑟・艾許有關聯了。很多人不敢惹喬金，可能覺得跟他扯上關係就會出事，或是因為他很愛公開發表言論等等的，我也不知道。我可以尊重他的作風，因為我知道關於他的一切，了解他是個什麼樣的人，為什麼會這樣做。背後其實有著很妙的故事。其實，我希望我兒子PJ長大能變成喬金那樣的人——擁有懂得愛人的自由靈魂。喬金熱愛世人，他是一個很好的模範。而且他的故事也很特別。

喬金的父親在很小的時候就被亞瑟・艾許發掘——把他從家裡帶走，讓他去上網球學校。某次，我問喬金：「你爸真的認識亞瑟・艾許？」我曾打網球，還打得不錯，而如果你是一個打網球的非裔美國人，就知道亞瑟・艾許真是偉大的英雄。所以他是我的英雄。喬金的爸爸被帶到網球學校，他們承諾他的家人會好好照顧他，他的家人同意了。一個陌生人就這樣把孩子帶走，簡直傳奇。

再想想喬金，含著金湯匙出生，老爸是有錢有名的大明星，而他卻不想跟這些扯上關係。「不要，我要闖出自己的一片天。」明明可以一輩子當靠爸族，他卻憑自己的實力簽下好幾張合約。他老爸可以幫他安排工作，但他不要。他有自主性，自己創下一些成就。這就是我愛他的原因。我會問喬金一些問題，想知道年少時的他如何長大成為這樣的人。這樣一來，如果以後PJ做一些不該做的事，身為父親的我就知道怎麼引導他。喬金把他的經歷都如實以告。他很可能不知道我對他說的事情做了多麼深入的思考，但我很喜歡他信任我，對我敞開心胸。

亞瑟・艾許打網球，那在當時是一項根本不希望黑人踏上球場的運動。這是一份足以驅策我的啟迪。首先，要打網球，必須投資很多錢。所以要怎麼知道自己天賦夠高，不會白費投資？他成了一個偉大的球員。更重要的是，他懂得關懷。他以自己的方式做了一些事，試圖改變這個世界，而這正是我敬重他的原因。得了愛滋病之後，他在乎的只是幫助人們認識這個疾病，為民權上街遊行，繼續致力於改變南非的種族隔離——真是個偉大、偉大、偉大的人。

以前我整天跟喬金聊他爸在溫布頓網球公開賽的經歷以及亞瑟．艾許這個人，而且總會接著談到非洲、世界，以及民權等等——我們幾乎不聊籃球。我們常討論美國的移民——他母親來自瑞典。我們也會探討國內的醫療問題。我覺得亞瑟．艾許做的每一件事情都是完美的。他樂於助人，在網球場上也超強。他動個手術卻意外染上愛滋，死的時候才五十歲。為什麼是他？

聽聞這種人的故事，就知道自己無論如何都不該輕言放棄。

＊＊＊＊

待在紐約尼克隊那一季是很煎熬的，而我知道那次我把事情搞砸了——沒事先通知任何人就離隊返家。是我不好，也是我後來必須接受底薪合約的原因之一。我知道有些球隊因為那個事件對我有意見。沒關係——是我的錯。但同樣的，有時候就是必須展現自我。效力紐約尼克的那一季，作客華盛頓時，我們有幸造訪新成立的非裔美國人歷史文化博物館（African American Museum），那是開幕前的特殊導覽。

至今回想，我仍會情緒激昂。我很少崩潰痛哭。除了外婆過世還有在醫院得知十字韌帶受傷那兩次之外，真的很少。BJ打電話告訴我公牛把我交易到尼克那次可能也算。但那趟博物館之旅真的重擊我的內心。有時候光是跟人轉述就會讓我開始流淚，然後哭到喘不過氣。相當奇妙。

走入那個地方，對我來說，光是待在裡面情緒就會油然而生。因為我被偉大包圍——真正的偉大——但他們卻必須受苦受難，從沒受過公平的待遇。這讓我感觸很深，因為人們總是試圖隱藏這些故事。無論是印地安人還是非裔美國人，曾如此對待他們，是這個國家之恥。在那間博物館，你可以細看這些人曾經如何努力，曾承受何種對待。

這給了我情緒，也給了我動力。

我看到奈特・杜納（Nat Turner）的聖經，那些女性奴隸沒有紙或筆可以書寫——如果主人看到她們寫字，會直接把她們殺了。所以她們會拔下頭髮，在布料上縫成文字。最令人無法接受的——我到現在想起來仍會顫抖——就是拍賣區。把人當商品賣？有沒有搞錯啊？我可以靠籃球展現才能，但看看這些人經歷了什麼。整個國家就建立在這段黑暗的過去之上。而這種黑暗持續了好久好久，甚至到了南北戰爭之後他們還是訂立一些接近奴隸制度的法律——禁止投票、實施私刑，等等的。

不能直面真相，何來偉大可言？這就是美國？

我沒有經歷那段歷史，但完全可以感同身受。我不跟別人聊這些，這是我藏在心裡的事。但這讓我更清楚自己是誰。就算在今日環顧四週，種族歧視仍無所不在，甚至對成名之後的我來說都是如此。我有的是錢，但是購物的時候——走進一間店，只因為我的長相，外加現在頭髮比較長，臉上還有一些鬍子——我可以感受附近的白人覺得害怕。在新聞上看過，有人只是因為在家裡附近看見黑人就直接報警。認真的嗎？

有時走進商店，門口的保全沒認出我。也許我走進去的時候看起來像個流浪漢，因為我很多時候看起來都像個流浪漢——或者因為剛從健身房出來，看起來莽莽撞撞——而且我也不是特別高，身形接近一般人。他們覺得我不該出現在那種店家，於是一直跟著我。跟在我旁邊，看我有沒有動手碰他們的商品，心裡的聲音應該是：「這傢伙該不會要試穿吧！哦，不可以！」

然後他們突然發現：「咦？你是飆風玫瑰羅斯？」

我就只是笑一笑，但這其實很嚴肅，讓我們對這個國家的本質略知一二，也給了我對現狀的洞見。這是刻版印象，但我不能讓這樣的事情影響自己。總不能對每個人都惱火吧。嘿，如果你對黑人抱持那樣的想法，那是你的錯。問題出在你身上。所以我可以試穿這雙鞋了嗎？

我的家人對於我迷的那些東西並不感興趣，這也是我愛他們的原因之一。雖然看不太出來，但我其實很喜歡某方面的物質享受。沒辦法，就是忍不住。我的家人完全不會這樣。我很喜歡買衣服。我想要一件要價一百五十美金的襯衫，但他們不會。所以我喜歡跟家人待在一起，因為當你身處NBA這個馬戲團太久，可能會被蒙蔽，以為那就是生活真實的樣貌。

我喜愛時尚，雖然我不常穿那些衣服。我是個囤積者。我會蒐集同品牌的服飾，但大多時間就只是收藏在家裡。買來穿一次，然後留存好幾年，放著用眼睛觀賞。我喜歡在多年之後把這些衣服拿出來穿上身，某個也懂時尚的傢伙會驚呼：「天啊，你把這件單品留這麼久哦？」我喜歡人們注意到這種事。

我喜歡的東西偏向基本款，不會大喇喇在背後印著古馳（Gucci）。我喜歡低調的衣裝。我的風格？我喜歡穿得舒服輕鬆，但偶爾也可以華麗一下。我不會打扮得像羅素．衛斯特布魯克（Russell Westbrook）那麼浮誇。我會全身穿著簡單，但鞋子非常搶眼。用鞋子表達自我。鞋子可能顏色鮮豔，或者巧妙搭配上衣。不然就是下身都很低調，但上衣異常搶眼。簡單的牛仔褲，簡單的鞋子，搭配能夠表現自我的上衣。我用這種風格的穿搭展現個性：安安靜靜的，但卻又不真的如此。穿著也取決於我的感受，或是當天過得好不好。跟我的小孩共度快樂的一天，那就套上鮮豔搶眼的單品。如果是陰沉的一天，何必穿那種衣服？我也穿西裝，最近才剛入手九套新的西裝。我會穿西裝去銀行開會。

我只喜歡把錢花在衣服上。NBA球員都超有錢，我知道有些人會花十五萬美元買一隻手錶或是一條項鍊。我也會花這種數目的錢，但比較可能花在跟家人出遊上，例如在二〇一八年我帶了十幾個家人去紐約看J．柯爾（J. Cole）的演唱會。我喜歡親眼欣賞那樣的才華——看見藝術家在自身技藝上投注的時間，能帶給我力量與啟發。值得尊敬。我花大錢的時候都比較偏向這樣，讓每個人得到寶貴的經驗。我們也一起去過許多其它的演唱會，老了的時候可以坐下來一起回味。那些演唱會留給我們很棒的回憶，非常享受。那些共度的光陰是無價之寶——用錢買不到。

別誤會，買名錶跟項鍊也沒什麼不對。每個人都有自己的愛好。假如我是個平民百姓，就會把錢存起來，而不是花掉。我有不少積蓄。我工作夠拚，所以有時候可以揮霍一下。除了那些時裝之外，我其實沒有什麼奢侈品。我在阿迪達斯有自己的商品線。以後我想要推出女裝品牌，像史黛拉·麥卡尼（Stella McCartney）那樣。跟我一起造訪中國的工作人員多半是女性。但我不能愛時尚勝過籃球，現在籃球仍是我的第一要務。為了我的孩子們，我要全心投入。

* * * * *

我不想丟母親的臉，所以當我在公牛隊打球的時候，一張曼菲斯大學時期的照片流出，讓我覺得很不爽。照片中的我疑似比出芝加哥最大黑幫「黑幫弟子」（Gangster Disciples）的手勢。我並不是真的做黑幫手勢，但看起來很像是。

我喜歡小孩，相信青年是推動世界的動力。我想要站在正確的那邊，當一個模範。青年會一眼看出媒體的扭曲與渲染，能夠馬上察覺。他們會說出真相。我的風格一向是以身作則。所以在照片中比出黑幫手勢這件事大錯特錯，但說真的，那並非我的本意。

那樣做的意思只是：「嘿，我們是曼菲斯第一。」我比出那個手勢只是在說：「小熊在曼菲斯打出一片天。」一路從芝加哥打到曼菲斯，我們是第一名。我是芝加哥之光。就這麼單純。但我選錯了表達方式。

當你努力以身作則，這種事情很傷。我得到很大的教訓。但這也能給孩子們一份負面教材：千萬不要往那個方向走。他們能看出我不完美，知道一個盡力做到最好的人也會犯錯。犯錯可以，但不要犯大錯。我對那件事一直很後悔。

我在那場風波之中的所有應對也都錯了，我很後悔。包括被芝加哥媒體大力抨擊時我所抱持的態度。在處理那個狀況時，我大可以選擇更高尚的方式，但當時我太年輕，還不懂事。

公平嗎？那不是重點。總之你要用正確的方式處理。我沒能做到。當中的仇恨是顯而易見的。就像我在克里夫蘭騎士隊復出，俠客歐尼爾（Shaquille O'Neal）、查爾斯・巴克利，以及特納電視網的那些人全都說我已經沒搞頭，生涯已經結束了，應該早點滾蛋。你看得出仇恨。仇恨永遠都在。但我就是繼續打我的球。孩子們總有一天會遇上這些事，要面對嫉妒與怨恨，而我想要當那個立下典範的人。

然後，他們又突然改口：「等一下，飆風玫瑰在二〇一八年的季後賽打出身價。」「等一下，羅斯在二〇一九年繳出漂亮數據。」媽的他們到底在幹嘛？他們心中真的有籃球嗎？還是只想借題做人身攻擊？每個人都要學著面對這種鳥事。

* * * * *

沒錯，我在大學待得不久，但我絕對有學到東西。曼菲斯大學給了我一段很棒的時光。跟很棒的隊友經歷很棒的一個球季，卡利帕里教練就更不用說了。但最重要的是，我為自己感到驕傲，第一次獨立生活就能負起責任。我在那個學期不能被當掉，而我也做到了，好好地把成績拿到手。沒有惹上麻煩，總是準時出席，該在哪裡就在哪裡。進教室上課，致力於籃球運動。我知道這些聽來平凡無奇，但對我來說很有意義。我把時間都花在體育館裡。這讓我不會在外頭招搖，進入可能令我闖禍的群眾之中。

我進去就讀之前，那裡的球員們曾經捲入幾次酒吧鬥毆——畢竟是南方。卡利帕里教練發出聲明。當年還沒有推特，所以他透過新聞告訴大眾，任何人只要看到他的球員在外遊蕩，流連酒吧等等的，馬上用電郵或是MySpace通知他。雖然球員們偷跑出去玩，大多會躲到密西西比河的另一頭。總之，他時時刻刻監督著我們。

大學時期，我腦中只有三個G開頭的東西：女生（Girls）、體育館（Gym），以及比賽（Games）。這讓我遠離麻煩。反正我本來也不是喜歡出去胡搞的那種人。所以日後在媒體上受到那樣的攻擊才更顯得莫名其妙。最傷人的就是跟家人在一起的時候聽到有人在詆毀我。家人們清楚我是一個怎樣的人，他們知道球場下的我沒有攻擊性。光是聽到外人那樣批評我，就能對他們造成傷害。沒有人思考這個部分。也許就是因為這樣，我在芝加哥的時候才要再次承受那種憤恨與攻訐。那讓我感覺很差，因為我不只要捍衛自己，還要保護家人。

回頭講曼菲斯大學吧，那是一段特別的時光，一個特別的球季。我們打出開季二十六勝零敗的長紅，戰績排行第一。沒有人對小地方的學校有所期待，我們卻支配大學籃壇。經歷了很多場大比賽。我們造訪紐約，在延長賽擊敗我敬佩的對手O・J・梅歐。我記得當時那種一路殺敵的快感。每次上場都覺得我們是無敵的，感覺卡利帕里教練完美掌控這支球隊。

卡利帕里教練很擅長激勵人心，其中一點就是知道我們都很愛錢。所以在比賽進行間他會喊著「Ka-Cing! Ka-Cing!」模仿收銀機的聲音，要我們想想NBA選秀以及握有樂透籤的球隊。我相信要是曼菲斯在冠軍賽之前輸掉任何一場比賽，那一年NBA的選秀狀元可能就不是我，而是麥可・畢斯利（Michael Beasley）了。但進入錦標賽之後，卡利帕里教練為我加足馬力。

錦標賽開始之前，卡利帕里教練把我叫到他的辦公室。本來只是閒話家常，關心一下我的近況，突然話鋒一轉，他說：「孩子，你知道我們需要你解放本來的打法，這樣才有機會贏。」

他指的是我在AAU的打法。卡利帕里教練很少來高中看我打球，他是因為在AAU的比賽上注意到我，才會來徵募我入隊。等他到高中來看我打球，他心想：「這是什麼東西？你根本不是控球後衛。你沒有持球。我們以後一定要改變這件事。」

聽到教練那麼說，我有點嚇到，因為那是他唯一一次表態要把球隊交給我。通常，他比較會找克里斯．道格拉斯—羅伯茲（Chris Douglas-Roberts）講話，因為克里斯是學長。教練本應倚重克里斯，因為他比我早進球隊。聽到卡利帕里教練那一席話，我必須表現出準備好承擔重任的樣子。我很訝異，但我端出表現，球隊也隨之運作無礙。

為卡利帕里教練打球是很棒的經歷，現在我們仍保持聯絡。他有時會分享一些故事作為激勵，我很喜歡。他會敘說過往的某些球員多麼努力於精進球技，多麼尊重這項運動。而且，他總會讓情況感覺起來像是我們這支球隊在對抗全世界。他很愛這樣。無論那一季發生什麼事，我們總覺得自己在跟所有人對抗。正因如此，曼菲斯才能在那一季打出第一名的戰績。人們不得不認同我們。也許他們不想，但我們會讓他們這麼做。這又是這所名不見經傳的學校驅策我的另一個地方。我知道這支球隊有多強。我第一手見證了。我不在乎別人怎麼評論。我跟隊友們一起練球，就近觀察過這些人。陣中沒有什麼大有來頭的選手，我常常效力於這樣的球隊，就像後來的芝加哥公牛。

錦標賽開始之前，我們對上田納西大學，在延長賽吞敗。說實話，以那一季的態勢看，我們根本不認為自己有可能輸球。我們上半場大多時間都處於領先。那是令人訝異的結果。我們以為自己會屢戰皆捷。他們那晚就是硬生生打出完美的籃球。打的比賽夠多，終究會遇上這樣的夜晚。那不過是其中一次。

下一場敗仗，就是在冠軍賽對決堪薩斯大學。那可能是籃球場上最令我失望的一次。每當有人問起，我都這樣形容那場比賽。是我投失的那一顆罰球害我們輸掉比賽。舉手認錯，是我不好。

小時候贏過太多場冠軍賽，彷彿我的球隊就是會贏。我以為到了大學也會如此。然後我就真的一路闖到最大舞台，心想：「這次我也要贏。」踏上球場，我的心態就是：「好，做我該做的。勝利必定會是我們的。」我們領先，我投進一記三分，結果被裁判改成兩分。我在末段打出一波攻勢，拿下曼菲斯大學的十六分裡的十四分。

我們保持領先，看起來距離獲勝不遠。克里斯在罰球線上失手幾次。我站上罰球線，也投失關鍵一球。然後，天殺的馬力歐．查莫斯（Mario Chalmers）竟然飆進那顆三分彈。在此之前，我的芝加哥同鄉謝倫．柯林斯也投進關鍵球。我告訴自己：「好吧，那就打延長賽，應該沒問題的。」但說時遲那時快，我們已經讓勝利從手中溜走，比賽結束了。我上場整整四十五分鐘。

我記得走下球場，煙火刺眼如同灼燒。我太憤怒了，想跟任何觸碰我的人幹一架。群眾歡呼，很多事情正在發生，而我感到困惑，無法克制情緒。但我後來想起，卡利帕里教練當時對我們說：「孩子們，我感謝你們所做的一切。我們打進冠軍賽，沒有人認為我們可以走到這一步。我們在輸給田納西大學之前都處在第一名的位置。」

我們不是一支擅長罰球的球隊，但我們總說我們會在關鍵時刻罰進。俠客歐尼爾也總是這樣說。他大部分的時候都沒有做到，我們則是在那場比賽沒有做到。至少，我學到罰球的重要性。這也是我在魔術強森（Magic Johnson）身上看到的。檢視他生涯的罰球命中率，看看他進步了多少，到了最後一季已經高達九成。罰球成了我隨即開始鍛鍊的東西，輸球之後，馬上開練。所以我此後的罰球命中率從來沒有跟大學時期一樣低。傷癒復出之後達到百分之八十六、八十七，幾乎每一季都有長進。

我在那場比賽投失一顆罰球，倘若那球罰進，也許我後來就不會努力精進球技的這個面向。每次跟卡利帕里教練談起那場球，我總說：「是我不好。是我不好。」

他的回答是：「德瑞克，去看看錄影帶吧。我們大可以把敗仗歸咎給這一球或是那一球或是任何一球。」我很感激他那樣安慰我，但真的是我的錯。很令人難受，因為我後來再也沒有待過那樣一支球隊，隊友們如此親近，超級親近，彷彿回到高中。他們比較年長，但我一進去就跟大夥兒一拍即合，就像一家人。我喜歡那裡，感覺像回到自家。

最瘋狂的是，我將要做一件從沒想過自己會做的事——回芝加哥為家鄉打球。

7. 芝加哥公牛

我從沒想過為公牛隊打球。成長的過程中，我真的沒有特別支持哪一隊。不要誤會，他們總是打進季後賽，我也很為他們高興，但我把重點放在自身的球技上。懂我意思吧，沒有真的喜歡看哪一隊打球，我看NBA是為了觀察自己未來的對手。後來，錯過二〇〇八年季後賽的公牛隊有百分之一或二的機會抽中狀元籤。機率那麼低，所以我並不認為自己會待在家鄉打球。

結果他們真的抽中了。

但我也不是一直認為自己會是選秀狀元。就讀曼菲斯大學期間我一度覺得自己要再花兩年才能進NBA。然後戰果輝煌的錦標賽發生了。有消息說公牛隊想要選一個比較會得分的球員，我想指的應該是麥可．畢斯利。聽說球隊不想要選芝加哥本地人，因為在家鄉打球的壓力太大。有人說這就是公牛隊在幾年前不選麥可・芬利（Michael Finley）的原因。後來他成了一個全明星球員。

帕特・萊利（Pat Riley）跟熱火隊握有第二順位選秀權，而我知道萊利很欣賞我。所以我不確定事情會怎麼發展。擁有韋德的熱火隊可能需要一個控球後衛。倘若我被熱火隊選中，家裡也沒有任何人會失望。對我來說也是一樣：芝加哥？邁阿密？兩個選項都很優。我的感覺就是這樣。被公牛隊選中，我就能在家鄉打球；被熱火隊選中，我就能跟韋德並肩作戰。

公牛隊陣中已經有柯克・韓瑞克，據說他們一直到選秀前一刻都還沒打定主意。後來我想：「那就不要選我。」

你知道嗎？選秀之前，我人在紐約，公牛隊就已經打電話來跟我說他們會選我。但宣佈被選中的那一刻我還是要演出驚訝的樣子，真是夠了。我記得選秀前一晚，我在紐約跟我的經紀人BJ・阿姆斯壯吃飯。BJ把電話拿給我。電話的另一頭是加爾・費爾曼（Gar Forman）跟一些公牛隊的人，他們說我會是選秀狀元，聊著聊著，他們突然講到我哥的過去。「你哥曾因為某某事以及某某事入獄。」

我知道球隊會做身家調查，但我搞不懂的是：「你們到底是要選我，還是我哥？」我哥跟我在場上的表現毫無關連。我只記得自己站起來，離開現場——太氣了。我在餐桌上已經一肚子火，走出去之後大家面面相覷，想說：「德瑞克怎麼了？」

我叫BJ轉告他們：「擔心我哥，那就不要選我，讓我去邁阿密。我不清楚我哥的生活。我不在他的前科檔案裡。我不知道那些事。」我愛我哥，我不在乎那些。

然後，公牛隊還是選了我。

心裡很受傷，但既然被他們選中，我就把這些拋諸腦後。

*****

在家鄉打球並不讓我擔心，縱使有人說這樣會有很多令人分心的事情。我本來就沒跟那麼多人混在一起，跟我熟的那群都是從六年級就認識的。所以我才會說跟我親近的都是我了解並且信任的人，他們至今仍待在我身邊。說實在，最讓我難受的是，當人們與媒體對我指指點點，那些負面的東西終究會波及我身邊的這些人。

在芝加哥打球對我的生活產生最大的影響，就是突然蹦出來的界線：不再擁有想做什麼就做什麼的自由。我不能像一個普通人到各處去做一些普通的事。回頭看，我也發現芝加哥讓我浪費太多精力了。但在家鄉打球，這是難以避免的。走出家門，會發現每個人都用瘋狂的表情看著你，大家看到你都很興奮。我像在馬戲團裡表演的動物，但在馬戲團之外，我大可以把這些事情處理好。

在芝加哥這座城市打球還有一件大事，而我想終究跟拿下總冠軍有關。我從沒停止相信自己會為芝加哥奪下一冠。麥可·喬丹花了多少年？整整七年，他都在追逐冠軍金盃。我也一直在追逐。我知道偉大的歷史會驅策我打出偉大的籃球。這就是我承擔壓力的方式。在芝加哥打球，大小事都被檢驗，拿來跟麥可·喬丹比較，這將會驅策我，驅策我們全隊。拿過往的偉大球員來衡量，這對我來說也不是第一次了，而我一直在贏，所以沒有問題。壓力從未休止，但也從未把我打垮。

至少，直到我在芝加哥的最後歲月。

只有到了最後——效力於公牛隊的最後一年——我感覺到整個城市對我的態度漸

漸轉變。比賽的時候，我聽見本來不會聽到的竊竊私語。我不是故意要聽，但那些雜音讓我不得不在心裡反駁：「等一下，你說什麼？『把球傳出去』？什麼意思？」觀眾在看台上衝著我吼。我成了眾矢之的。我也不是在場上沒有貢獻，只是那支球隊真的有很多缺口。

我在芝加哥的最後一年，公牛隊幾乎是一支全新的球隊，總教練換成弗雷德·霍伊博格（Fred Hoiberg），喬金跟麥克·鄧利維（Mike Dunleavy）都因傷缺陣半個球季。吉米也有傷在身，我們兩個出場的次數差不多。保羅·蓋索（Pau Gasol）也受傷了。結果我們沒打進季後賽。「這要算我頭上？是怎樣，怪我囉？」但我這種態度是不對的。

我通常很擅長應對這種事，但那一年我感覺到一切都變了。可能早報刊出一篇文章，某個為了跟朋友買醉而去球場的傢伙讀了報紙，於是大放厥詞：「哦，玫瑰這樣不行耶。這廢物都在混，難怪那麼爛。」他喝了四罐啤酒，繼續幹譙：「沒錯，小渣渣，就是因為這樣你的球才會打那麼爛！」

事情就是這樣。我聽到那些辱罵，看著那些人，心想：「拜託一下，你甚至算不上球迷，你就只是個酸民而已。」但不管他們是醉漢還是怎樣，那些話語一樣傷人。我是很敏感的。我最不想要的，就是對這些批評敏感，但想到自己付出了這麼多，那些負面言論確實讓我受到傷害。沒有人了解你為球隊投注多少心力。

但不要誤會我的意思，這一切都只限於最後一年，而且也是我自己沒處理好那些批判。長久以來，這座城市給我滿滿的愛。我愛芝加哥，而我到現在仍愛公牛隊。所以作客芝加哥的時候，我會主動詢問我能否去公牛隊的場館練球。我從未在其它城市提出這種要求。在明尼蘇達度過第一個球季之後，我在作客芝加哥時順道拜訪了傑瑞．萊因斯多夫（Jerry Reinsdorf），跟他說我感激他為我做過的一切。我記得十字韌帶受傷時，傑瑞．萊因斯多夫親自來探望我。他是一個關心球員的老闆。真要說的話，最讓人難受的是，我必須離開我的家人，尤其當我兒子ＰＪ都已經大到可以到現場看球了。每件事情都要改變，那是一段充滿情緒的時期。

＊＊＊＊＊

我很愛菜鳥年那支公牛隊，隊友人都超棒。不要扭曲我的意思，在芝加哥跟我並肩作戰的都是很優秀的球員，只是在當時算不上球星。邁阿密擁有閃電俠韋德這號人物。但我很幸運，因為公牛隊是一支很棒的球隊，有著很棒的球員，只不過在我加盟之前渡過了一個狂亂的球季——總教練被開除，助理教練補上，多年以來首次無緣季後賽。但他們真的都是很傑出的球員。

舉羅爾．丹恩為例，他總是不慌不忙，態度悠閒。羅爾是第一個真的讓我開始照顧身體的人。他會做很多讓身體恢復的事。就算剛剛結束一場超棒的比賽——拿下二十八分，技壓卡梅羅．安東尼（Carmelo Anthony），拿下勝利——賽後他仍會進行一些幫助身體恢復的程序，可能是騎飛輪、做重訓，或是泡對比浴。年輕時的我不懂這些，幾乎很少踏進防護室。走過防護室總是過門不入，直接踏上球場練投，找尋當天的出手熱點。

看羅爾這麼做，讓我重新審視身為職業球員的自己。我開始思考：「既然我是一個職業球員，就應該這樣做，因為他總是這樣做。」倘若我早點追隨羅爾，後來也許就不會傷痛纏身。我確實對自己的身體多了很多認識。在克里夫蘭跟勒布朗短暫同隊的時間裡，我也觀察到相同的事，見證他多麼用心對待自己的身體。每天早晨他一定會做些修復身體的運動。他掌握所有小細節，全心投入。十五年來他都堅守一套修復身體的慣例。我則是花了好幾年才建立這種慣例。

堅守這些修復身體的慣例，需要不同等級的投入。就是因為有這樣的習慣，羅爾才能在洛杉磯整季報銷之後重返球場。比賽結束，你會想要跟朋友出去玩。剛進公牛隊的時候，我會去夜店。自律的人才有辦法說：「我要待在家裡吃東西看電視。」如果是週五，會這樣做的人又更少了。羅爾很特別。

我之所以認為不應該公開表示要招募其他球員，這也是一部份的原因，我稍後會再解釋。膝蓋第二跟第三次受傷，兩度傷到內側韌帶，在那些大小傷勢之後，我的身體開始發生改變。然後我突然醒悟：「眼前明明有那麼好的模範。羅爾跟喬金都很會照顧自己的身體，我也應該這樣。」

我必須認識自己的身體，學會如何調整飲食，如何伸展拉筋，如何讓身體恢復。比起別的球員，我可能需要三到四倍份量的修復工作。再考量到那些傷勢，現在我必須狂做才行。就算在手術之前，他們也曾提醒我要比一般球員更注重身體恢復，因為我的衝刺速度比多數人都快。受傷之前，我都把這些話當耳邊風。我從來不想認為自己有什麼不一樣。但事實是我的確比很多球員都快。我必須用完全不同的方式照料自己的身體。真的學到教訓了。

現在我整天坐在家裡，套上NormaTec的脈衝腿部恢復系統，到處都擺著緩衝墊。我家有全套的防護設備。一整年下來，我希望每天都多塞進一些修復身體的程序，好讓自己隔天上場不會感覺行動遲緩。我進城就是吃東西，買好需要的食物點心就回家，攤在床上，播放電影，伸展拉筋，講電話或視訊，無時無刻都在讓身體恢復，從起床一直到就寢。整個夏季，每次訓練完都是這樣。

聽好，沒有人真心喜歡做這些事，但是一起床就覺得全身骨頭快要散了可不好玩。球季結束之後，我給自己放個假，大概一兩週什麼都不做，結果肌肉馬上緊繃起來。想像帶著這種感覺一兩個月會是怎樣？回到家裡，肌肉疲憊不堪。你必須把身體的每一個部分都喚醒。我做很多跳繩以及爬梯訓練。試圖保持一定的體能，才不用一次又一次重新找回狀態。反之，我可以漸漸打造適合球季的身體。在某種程度上維持體態與體能，這就是我現在的生活。

我從沒看過班．高登做重量訓練。又是另一個超棒的隊友。他是個好人，很安靜，很專業，很會投籃。公牛隊選進來的每個人都是專業球員，沒有天兵。一路走來，有些人會出些小狀況，但從沒有真正威脅到更衣室的氣氛。我就是喜歡跟這樣的人們同隊。

其實我不常跟班．高登講話，但當我們一起站在場上，彼此就有心照不宣的默契。就像菜鳥球季跟波士頓賽爾提克拚到第七戰的系列賽，班一次又一次投進關鍵球。他也是一條好漢，能用我的方式打球。

我們餵養彼此的鬥志。某個隊友連進三球，你會想：「我看到了，現在換我。」班跟我就是這樣。班是一個很酷的人，總是一派悠閒，骨子裡卻是條硬漢。他可以持球輕鬆吃掉任何防守者。我在比賽後段可以得到許多簡單得分的機會，都要歸功於班——敵隊必須一直注意他。季後賽對上波士頓的第一戰，我砍了三十六分。

有了班在隊上，得分變得簡單。我真的想要他留下來。我不了解他為何要以自由球員的身分離開。人各有志吧。

我不知道這是不是空穴來風，但我聽說他其實想要接受公牛隊提供的薪資，而不是離開。當時若是如此，他現在可能還在聯盟打球。但他終究去了底特律活塞，那裡沒有機會。你有才能，但也需要機會。這就是我被交易到紐約之後面對的掙扎。如果班選擇待在公牛，我們一定會重用他。當時的我們需要他。

＊＊＊＊＊

為文尼・德爾內格羅打球的第一季有點混亂。考量到被蘋果刀弄傷的蠢事，我想自己難辭其咎。有人說這是「砍」將的新定義。好笑，對吧？這絕不是為了遮掩真相而瞎掰的理由。我真的被放在床上的蘋果刀割傷。

很智障，我知道。

我賴在床上，朗多在樓上。當時我喜歡買那種很硬的蜜蘋果。我準備要切蘋果來吃，於是把刀子放在床上，去拿蘋果。接著，我掀開床單找刀，結果刀就在那裡，直接往我身上招呼。場面很可怕。我沒跟朗多說，直接離開。朗多進房，看見床上一攤血，以為有人刺傷我。他說他看到那些血就嚇壞了。

我知道沒人會相信我。這似乎成了我生涯中反覆出現的模式。只能面對。我知道關於我的某些故事很扯。我懂。

總之，我打電話通知公牛隊的防護員。縫了十針之後，當天照常練球。我知道有人說我其實是被某個女朋友刺傷，我真的只是躺在床上要吃蘋果。不聰明，我知道，但我這輩子沒跟女友起過衝突。

有趣的是，本來朗多是最處變不驚的人，那攤血到底讓他多慌，只能想像。整張床都是血，就像恐怖電影的場景。我直接開車離開。

那一季，全隊試著磨合，跟我，跟新的總教練，跟之前發生的所有事情。但我對文尼以及當時的隊友心懷感激，他們容許我在自己的錯誤之中打球。對於一個菜鳥來說，這是很大的恩惠。

文尼對我很好。班為我們拿分，羅爾也是。當時擔任助理教練的是德爾・哈里斯（Del Harris）。他是第一個對我爆粗口的教練。某天，他在會議上講述區域防守，以為我在下面笑鬧。他開始長篇大論，說我一無所知，說每個人都一無所知——我甚至曾聽他跟約翰・帕克森（John Paxson）這樣講——說他寫了六本關於區域防守的書，說沒有人比他更懂區域防守。

於是他對我飆髒話——但其實笑的根本不是我，是泰勒斯・湯瑪斯（Tyrus Thomas）。老樣子，就因為我安靜，找我麻煩比較簡單。我覺得他明明知道笑的人是泰勒斯，但硬要挑我出氣，因為他知道我不會回嘴。

然而，我記得那一年整體而言很不錯。我們盡全力衝擊季後賽，也確實打進去了。在對上賽爾提克的系列賽裡，我打出身價，我們全隊都打出水準。

開季跌跌撞撞，但透過交易換來約翰・薩爾蒙斯以及布拉德・米勒（Brad Miller）之後，情況就改變了。全隊的配合變得恰到好處。約翰打開進攻的大門，他的威脅性正是我們所需要的。每個對手都試圖阻止我攻擊籃框，我們就是需要添一個能和班一起把球投進的人。我認為那時的公牛隊確實大有可為。

我不習慣初來乍到就渾身侵略性。無論進到任何一支球隊，我都不是那種一開始就每場出手二十五次的人。我喜歡慢慢贏得隊友的信任，漸漸爬到那個地位。只要你夠強，球會自動到你手上。很多人不敢在關鍵時刻出手。我只想要一步步端出穩定表現，不需要馬上接管球隊。我的想法是：「好，今年有八十二場球賽要打，我要想辦法打好這八十二場球。」

我常被問起跟文尼教練配合的第二個球季作客鳳凰城時，在戈倫·卓吉奇（Goran Dragic）頭上轟進的雙手爆扣。我之所以跳得那麼高，是因為他從左側靠近，我擔心會坐飛機。泰勒斯把球往前場傳，我接到球之後試圖扣籃，這樣一來，就算下方的卓吉奇讓我失去重心，我也可以抓著籃框穩住身體。而卓吉奇跟我碰撞的瞬間，其實給了我一股上升的力量，讓我可以在他頭上扣籃之後還穩穩落地。年輕的時候，我常常練習灌籃。我已經練習灌籃好一陣子了，所以那次灌籃被他撞上，我不需要抓住籃框也能安然落地。

整個新人球季，我只錯失一場常規賽，接著就迎來季後賽了。那是艱辛的經驗，因為我的身體需要休息。但我當時還年輕，一心只想為這座城市上場拚搏，尤其在以那種方式贏得面對波士頓的第一戰之後。不得不承認，我在第二戰明顯感覺到雙腿疲乏。這就是他們所謂老將才懂的事——他們真的懂。

藉由提高得分，我拿下年度最佳新人。但我從沒考慮年紀，從不認為自己太年輕。我的想法是，既然我跟你們待在同一個聯盟，我們的水平就是一樣的：都是

NBA球員。我不在乎你們的年紀是不是比我大。我就是抱持這樣的觀念，正因如此，我才能在面對波士頓的系列賽之中端出那樣的表現，好像是追平還是打破了新人的得分紀錄，隨便啦。

看看數據，我的平均得分在十四到十六分之間，敵隊裡有人平均可以拿下二十六到二十八分，但我們站在同一個球場上。所以在迎來希伯杜教練的那一個球季，我才會說出那句關於最有價值球員的話：「為什麼不能是我？」球季之初，我在記者會上被問到那個問題，我記得我說：「為什麼不？」我一直在場上跟這群人對抗，表現毫不遜色。我不是口出狂言，只是覺得自己付出的努力不下任何人，在這麼年輕的時候就對球賽投入那麼多，為籃球犧牲那麼多——後來我才明白，真的是太多了。

我知道自己還能變得更強，我了解場上的對手，也了解可以怎麼對付他們。而且，球隊要求我承擔的責任比我初入聯盟時所預期的高出許多。面對籃球，我的態度向來如此：絕不退縮。

同理也適用於人生——別問「為什麼？」，要問「為什麼不？」

*****

我常想起芝加哥的隊友，像是卡洛斯·布瑟。布瑟是我相處過的人之中最有活力的。每一天，從早到晚，維持同樣的個性，嗓門超大，握手打招呼的套路超複雜。我記得有一次我們的防護員佛瑞德·泰德斯基（Fred Tedeschi）在一個人的臀部上打針。布瑟在賽前熱身完離開球場走向更衣室時，常常會溜進防護室捉弄佛瑞德，突然冒出來嚇他。那一次佛瑞德正把針頭插進那個人的屁股，布瑟一如往常溜到他身後，沒看到他前方趴著人。布瑟嚇了佛瑞德一大跳，結果針頭差點斷在那個人的屁股肉裡。我跟你講，佛瑞德氣到爆，每個人都火大了。我從沒看過佛瑞德氣成那樣。他轉過身，不敢相信布瑟竟然有膽子做這種事。不過確實很好笑啦。

還有布瑟在頭上噴漆那次。我們在波士頓練球，他走進更衣室，我們叫他脫掉帽子，就看到了。天啊，看起來真的就是在頭上噴漆。這傢伙竟然為了看起來有頭髮而把光頭上色。燈光打下來，那顆頭閃閃發亮。

文尼執教的第二季，我覺得球隊快要起飛了。我入選全明星隊，但是差點不能出賽，因為就在明星週之前的一場比賽，德懷特．霍華德（Dwight Howard）把我從空中擊落。事後我沒特別找他說什麼。除了在場上的對話之外，我其實沒有跟聯盟裡哪個球員建立什麼關係。下了球場，我過著截然不同的生活——不是ＮＢＡ式的生活。

我記得第二季的我們比之前更像一支球隊，所有事情都變得有趣——而且我們也隱約知道本季大有可為。也許在你們眼中並非如此，但我們確實兵強馬壯。而雖然那年季後賽騎士隊只花五場就把我們淘汰，我們的心態是：「沒關係，原來也沒差那麼遠。下一季我們會更強，更接近。」擠進季後賽，上場拚搏——總是會遇到輸球。但你清楚自己付出全力，但這裡或那裡的一兩個小錯，就會斷送勝利。我記得那個系列賽裡，有兩場的分差都只有兩分。踏上季後賽戰場，要不全隊一起敗亡，要不全隊一起成長。

喬金就是在那一個系列賽說出關於克里夫蘭的那些話，激怒了所有人。其實挺妙的。喬金一直是跟我最親近的隊友，聽到他那樣講話很有意思。他展露了紐約的那一面。我喜歡那樣的他，我會站在他身後力挺。喬金是我的兄弟，對於他那句「有人會去克里夫蘭渡假嗎？」我不得不笑個幾聲。我很喜歡這種發言風格。當兩隊激戰成那樣，難道還要好言相向嗎？這裡是ＮＢＡ，男人的戰場，不是高中籃球。如果想要人人有獎的歡樂世界，改看別的運動吧。ＮＢＡ的意思就是No Boys Allowed：小男孩勿進。現在的聯盟已經不是那樣了，我有點懷念當年那種強悍。

那個系列賽之後，我感覺到情況有些不同，好像屬於我們的時代即將到來。我沒有休息多久，整個夏季把自己鎖在體育館，一天練兩段。當時我還沒那麼注重身體的鍛鍊，基本上就是在球場上操爆自己。不斷投籃跟跑籃，試圖精進自己的技術。一連待在體育館好幾個小時，用籃球玩各種把戲。反覆練習試探步等等的基本動作，為下一季做好準備。我真心覺得我們在那次季後賽之後得到了所謂的團隊認同。就算慘遭淘汰，全隊還是凝聚在一起，知道未來可期。我們抱持的信念是：「很好，其實差距沒有很大。下一季我們會更強。我們會更像一支團隊，持續成長。」

沒有人不想跟另一個偉大的球員並肩作戰。拜託，我一輩子都在幫助隊友得分。二〇一〇年夏季的自由球員市場風起雲湧，倘若突然跟勒布朗變成隊友，我一點都不會意外。勒布朗是一個世代只會出現一個的奇才。他很大隻，懂得如何運用自己的身體，努力精進球技，把投籃練起來，而且愈接近生涯後期愈懂得用腦袋打球。現在的他打球像是下一盤棋。他把比賽掌握在手中，在球場上幾乎無所不能，而我們某種程度上把這視作理所當然。

我不是那種對於「如果」念茲在茲的人，但假如他當時來到芝加哥，我相信我們一定會奪冠。我不確定能拿下多少座金盃，但至少會有一冠。這樣一來，我就能把冠軍夢的欄位打勾，而那將是意義非凡的事。芝加哥時期的我會超愛跟勒布朗一起打球。後來，當我到克里夫蘭跟他同隊，情況也還可以。其實我是因為他才去的。經歷紐約的風雨跟波折之後，我想去一個真的可以讓我再次享受勝利的地方。我有機會去其它球隊，可以有更多的上場時間，也能拿更多錢，但我想要在一個可以贏球的地方復出。我就是痛恨輸球。

我知道批評我的人會說我根本不適合跟勒布朗同隊，我們沒辦法配合等等有的沒的。但我可以跟任何球員搭配。勒布朗跟韋德不也配合得很好嗎？他們基本上都是切入型的砍將，但還是想出合作之道——每季都叩關總決賽，入手兩枚冠軍戒指。總會找到方法。但是，這些馬後炮都沒有意義。反正他們早在邁阿密佈好局了。那年，在夏季徵募活動開始之前，大家早就聽說三巨頭將在邁阿密聚首。

韋德一直是相當難纏的對手，因為他很會製造犯規。他不擅長投籃——勒布朗也是——但懂得製造犯規的球員是很難對付的。他會把你引到一個位置，到一個你以為他會切入的角度，然後做出某個出乎你預料的動作。他會踏一個後撤步，然後用投籃假動作把你騙到空中。比賽末段的韋德是致命武器。正因為這種打球方式，他常常在第四節改變整場比賽。

那年夏季，公牛隊聯繫了許多球員，而不管他們簽下誰，對我來說都不是問題。不然我要說什麼？「幫我找一個射手。」「幫我簽下韋德或勒布朗。」這樣嗎？才不要。我比較欣賞德瑞克・基特（Derek Jeter）的作風，他不會主動招募誰——我確實曾為公牛隊拍過一段招募影片，但從來沒人提起。基特說他的工作就只是精進自我。聯盟裡臥虎藏龍，有太多適合並肩作戰的猛將。這是我的看法，但我只專注於精進自我。

跟羅素・衛斯特布魯克這種球員對戰又是另一回事了，因為你面對的是一頭體能怪物。他的能量庫存高到嚇人，每一球都會衝搶籃板。而全隊都以他或是他的打法為中心運轉。這樣的對手極難對付，但我確實很愛。我愛的原因是，他讓我處於劣勢，因為有些人就是無法阻擋。我知道，因為攻擊籃框的方式，很多人會拿我們做比較。但一件讓我自豪，卻常常被忽略的東西，是我的籃球智商。沒錯，我跟衛斯特布魯克一樣靠天分打球，但我也同時掌控比賽的走向——用心觀察，你就會發現差異。

例如希伯杜執教公牛隊的最後一季，我們對上金州勇士的那場球。我拿到大四喜。嗯，可以算是啦——我有十一個失誤。那場比賽吉米沒打。在吉米缺陣的狀況下出現十一次失誤，本該是一場要輸的比賽。那一季的金州勇士在主場幾乎是不敗金身，但我們靠絕殺拿下比賽勝利。這就是我會在心底珍藏的比賽，不是因為那記絕殺，而是因為我掌控事情的方式。好像在室外球場鬥牛一樣，吃掉一個又一個防守者。

容我分享一下我對偉大的見解。我認為在這個聯盟裡，所謂偉大就是讓一個位置變得特別。想想查爾斯·巴克利做了什麼？他自己帶球推進前場。凱文·賈奈特也自己帶球推進前場。結果呢？他們為自己創造了在場上移動的更多自由，就像控球後衛會喜歡的那樣。鮑伯·庫西（Bob Cousy）帶球推進時也是如此，但這事在八〇跟九〇年代變得系統化，可以預期。看看艾佛森登場之後發生了什麼。他成了一個先驅。

又多創造了一點自由。現在又出現詹姆士・哈登（James Harden）這種球員。他的動作讓防守變得困難。他跟韋德一樣很會製造犯規，而人們往往忽視他的身體有多強壯。他讓一切看起來很簡單，但真正上場面對他又是另一回事。哈登帶來的力量層級，在他那個位置是非常罕見。安東尼・戴維斯（Anthony Davis）也是獨特的，因為他有著不同規格的馬達，能在防守端改變比賽。德懷特・霍華德在多數長人動作緩慢的時候就能在場上飛快奔馳，簡直像是一隻玩具公仔。

籃球比賽有層級之別，觀看球員打球跟實際上場對戰是不一樣的。球迷跟媒體並不總能以球員的角度看整場比賽。在我這個位置上對到的每一個球員都是格外傑出的——所以才能在這個聯盟生存下去。對手個個身手不凡，而我的工作就是讓他們打不順手。我一直是用這種方式看的，跟我對壘的時候，對手知道這會是一場棘手的比賽。不管哪一場球，你都別想輕鬆過關。不是你我之間有仇，互相噴垃圾話。我只是要讓你打得綁手綁腳。如果這場表現不佳，下一場我就會更拚。這就是我的一貫作風。

＊＊＊＊＊

我為芝加哥做了一次徵募，遊說勒布朗來公牛。那是在某一次練球之後。我們聽說勒布朗跟克里斯・波許（Chris Bosh）等人——其實全聯盟都聽到風聲——要在某隊組一團大的。我們的總管加爾・費爾曼跟幾個管理階層的人來找我，要我錄一段影片遊說波許、韋德跟勒布朗。我沒有反對。我錄了那段影片。但接下來媒體開始指責我不協助球隊招募。我應該跳出來說我有幫忙嗎？懂我意思吧，對我來說這是裡外不是人的雙輸局面。我不喜歡說我幫球隊招募自由球員，因為我尊重我的隊友。球員應該彼此招募嗎？感覺不太對啊。

當我看到「德瑞克不願意為球隊招募」的相關報導，我覺得作為夥伴的公牛隊應該幫我澄清，說我有確實幫球隊錄遊說影片。「我們有處理，別激動。德瑞克沒問題。」

但他們選擇沉默。

只要不是在球場上，不管你們要怎麼說我，都沒關係。我就是這種人。我會默默承受抨擊。當時的我還不成熟，不想要解釋說我有錄影片，因為我覺得球隊應該幫我說明。也許球隊也同意那樣的報導？也許他們認為我應該做更多？倘若真的是這樣，我也能理解。但招募之外，我正在專心做好自己的本份。

我不在乎誰跟我同隊，我會試著把場上的一切搞定。不管場上的隊友跟對手是誰，盡所能發揮自己的實力。這應該是每個球隊想要的球員才對：無論跟誰同隊都全力以赴。所以現在盛行的組團風氣是很奇怪的。我很開心球員有權利為自己跟家人做出最好的決定，但我也享受挑戰——無論隊上有什麼球員，都要秀給大家看我們能做到什麼程度。

當那支公牛隊在希伯杜教練的帶領之下拿下聯盟最佳戰績，就是這樣的感覺。我認為身為一個球員，我的工作是每一季都展現進步。你看到我每一季都在進步，對我而言這就是在秀給你看——這才是真正的招募，因為所有球員應該都想跟這樣的人同隊打球。我的態度是：「我讓你們看到我每一年的進步，我會把場上的工作搞定。剩下的就交給你們自己選擇了。」

我從來不會主動跟球隊開啟關於自由球員的對話，說我們要找來更好的球員，簽下這位，簽下那位。**我自己**要變得更強。**我自己**要扛起球隊。但總是會有人問我公牛隊應該在自由球員市場上做些什麼。我從來不會主動說「我們應該在球員交易中怎樣怎樣」，每次都是被問的。如果沒人發問，我永遠都不會談及這種事。就像面對其它事情一樣，我會默默等候，直到球隊簽下該簽的球員。他們找來了布瑟、凱爾・柯佛（Kyle Korver）、C・J・華生（C.J. Watson），以及科特・湯瑪斯——我愛這支球隊。

然後，我們迎來希伯杜教練。

8. 團隊

當湯姆．希伯杜來到球隊，我第一次看到有教練用這種方式讓球員負起責任。他沒有一刻鬆懈。像我這樣一個不多話的球員——大家總是要我多講話，說這樣才能當一個領袖，但就像這本書一樣，我是那種直接秀給你看的人——我對此心懷感激，因為那能幫助我維持高水平。我不需要有人像個小管家一樣整天監控，但我給予尊重，因為他讓人感覺他比球員更愛籃球。

有趣的是，他一句話都不用說。當你在清晨五點半踏進球場，他已經在那等著。你會心想：「總教練那麼早來幹嘛啊？」當你練完球回家，過陣子覺得：「我應該回去再練投幾球。」於是你在晚上九點抵達球場，發現他還在那裡。隔天有比賽。你再次心想：「總教練待那麼晚幹嘛啊？練習不是七個小時前的事嗎？」他為球隊建立了骨幹。

我可以對他敞開心房。我們無所不談。他什麼都能跟我說，但到頭來也都在聊籃球。關於籃球，他對我毫無隱瞞。我記得那確實是風風火火的一年。每個人都很享受作客征戰的旅途。那一季的回憶是我會珍惜的事物之一。我們是聯盟最佳球隊，你知道這樣的一個球季能帶來多大影響。球迷跟著球隊到處跑，各種鐵粉行徑層出不窮。我們不只是一支球隊，也成了一種精神象徵。很酷的經驗，而且我們也打出漂亮的籃球。

希伯杜執教的第一個球季，我們拿到六十二勝，例行賽三度與邁阿密熱火交手，全都贏球。季後賽對上他們也很好玩。每一場的比分都很接近，壓低在八十分或九十分出頭，場場硬仗，全都拚到最後一刻才見分曉。例行賽第一次交手，勒布朗缺陣，但韋德表現神勇。我跟韋德在最後兩分鐘你來我往。凱爾的關鍵進球幫助我們拿下比賽。第二次交手，換羅爾發威——又是在落後的情況下投進幾顆關鍵球。第三度交手，我在比賽末段接連投籃得手，再次讓他們吞敗。看到沒，我以前也是會投籃的，哈哈！很好玩，我們就是設法贏得比賽。感覺起來一切順利，沒有任何問題。我整季只缺陣一場，我記得好像是因為頸部僵硬吧。

我很愛那種氛圍。我們不只是強而已，彼此的關係夠好，場上可以有話直說。「聽好，剛剛那個人切入你應該補防。明明可以守到，你只是不夠積極。下次記得站好位置。」喬金會直接飆罵髒話，提醒我注意。羅爾也會這樣。喬金、我，或者任何球員都可以用這種方式跟希伯杜教練說話。我覺得這讓我們更加團結，熱戰正酣的時候誰都可能情緒激動，沒有關係。真正的團隊就應該這樣，懂我意思嗎？

當某人無緣無故情緒激動，你可能會有點摸不著頭腦。當我們遇到這種時刻，就是簡單問一句：「好，所以接下來怎麼打？剛剛那球已經過去了，比賽結束再來討論。」我們會先讓局面緩和下來。「接下來的戰術是這樣，我們在這裡設陷阱包夾他。」上了球場，希伯杜要每個球員負起責任。無論如何，不需要衝著隊友大呼小叫。

我們平常也會一起出去玩。在那支球隊，大家總是混在一起。更衣室裡發生過幾次口角，但每個人都明白對球隊來說什麼是最重要的。球迷跟媒體不了解球隊私下發生多少事，但如果你們真的是懂得彼此尊重的一支團隊，任何問題都能迎刃而解。有時候只是微不足道的小事。希伯杜會氣喬金不按照戰術行動或是忘記要打什麼戰術。其實喬金常常這樣。他會不照教練的指示行動，有時帶來更好的結果。這是他的優點。但希伯杜必須掌控一切。所以就算結果是好的，他還是會找喬金開刀：「你他媽剛剛在搞什麼？」

喬金會回嘴：「去你的！」

然後希伯杜會嗆回去：「我才想說去你的！」

沒開玩笑，他們以前真的會這樣吵架，但沒有人反應過度。我們知道他們只是需要發洩一下，把怒氣排出體外。他們夠專業，可以吵完立刻開始研究比賽計畫。

我想，那一季在我身上發生了那麼多好事，包括拿下最有價值球員，原因之一就是在場上的時候我知道籃球總會回到我手上。我做好接球的準備。基斯·博甘斯（Keith Bogans）在我們隊上，很少看到他連續出手兩次，他也不被視作一個射手。但我從來不對隊友抱持這種成見。我當時太年輕，不會去思考聯盟裡的人怎麼看待基斯·博甘斯，或是分析師們對他有何評價。我記得我跟他說：「基斯，你應該是射手啊，出手投籃啊！」

我就是用這種態度看待隊上的每一個人。我不在乎你是誰。只要讓你跑出空檔，我就要你出手，而且是帶著信心出手。他們可以投失大多數的球，但不失去自信。他們能靠著這份自信茁壯。對我來說很重要的是，希伯杜放任我自由發揮。他的進攻體系由我發動。我不用強迫球隊把我當成一哥。有的球員到了一支新球隊會大放厥詞：「我以前在某某隊有過某某豐功偉業，我在那裡每場出手二十五次，所以你們最好搞清楚接下來會怎樣。」我從來不是這種人。我總認為自己應該為隊友創造出手機會。

籃球會找到我，我一直這樣相信。而且，比賽的形勢愈險峻，球會愈快到我手上。真的會有球員怕到不敢出手？季後賽的比賽尾聲常有這種事情。某些球員的心聲是：「媽的，別把球丟過來啊！」為什麼我會連續出手四次？因為隊上沒有人想出手。

希伯杜手下的團隊都是很優秀的，這是真話。每個人彼此連結。我們在練球時不斷鞭策彼此。但到頭來，我們畢竟太年輕了。隊上需要更多老將。而且到了那個時候，希伯杜因為公牛隊沒能簽來他想要的球員而生氣，這在某種程度上搞爛了隊裡的氣氛。然後媒體一直來找我聊這個話題，我心想：「這事跟我無關。如果有話想問他們，你們就去問嘛。」我希望希伯杜跟管理階層能理解彼此，但他們終究沒有。

＊＊＊＊＊

二〇一〇球季，我們確實相信自己可以贏。我記得季後賽第一輪對上印第安那溜馬，那是我第一次因為系列賽而緊張。菜鳥年面對波士頓的系列賽，我並不真的緊張，我猜那是因為第一次打季後賽，初生之犢不畏虎。而且，雖然聽起來很扯，但當時我們本來就沒多大機會，反而可以放膽去打。對我來說，這次才真的是踏上大舞台。我們站在聯盟頂峰。就算在高中跟大學打過那些大比賽，這感覺起來仍像是我從未踏足的巨大舞台。

我自認表現還行，但記得每一場比賽前都感到緊張焦慮。我猜大多時候球員都會緊張，但一旦開始打球就全忘了。球季結束之後，距離季後賽開打還有好幾天，壓力不斷累積。我記得每一次切到禁區，傑夫・福斯特（Jeff Foster）的防守都像是要把我殺了似的。肢體碰撞非常激烈。當時聯盟正要開始改變那種情形。那時的比賽仍有許多肢體碰撞，但是沒關係。我喜歡兇悍的打球風格，因為那會讓我更加專注。我試著激怒對手，讓他們愈打愈氣惱。不管你們怎麼做，我還是會屠宰你們。不管你們怎麼做，我要你們切身感受每一球。出陰招，打髒球，隨你們便。我們還是會拿出表現。

我想這就是從小在芝加哥打球養成的習慣。待在那個環境跟文化裡，你必須掌握敵人的生殺大權。你不幹掉對方，就會被對方幹掉。我是這樣打球長大的，所以一有摧毀對方的機會，就會馬上抓住。這種殺手本能，正是柯比之所以是柯比的原因。這種殺手本能，讓我準備好面對勒布朗與韋德那種檔次的對手。

我覺得我們仍在持續成長。把亞特蘭大老鷹隊淘汰掉之後，就是眾所期待的系列賽：芝加哥公牛對決邁阿密熱火。經典的系列賽，而我們處於二比一落後。第四戰倒數時刻，我有機會一擊結束比賽，可惜失手了，最終在延長賽敗北。我們如願把他們的得分壓制在九十出頭，但還是不足以贏球。

每當遇到那樣的時刻，要在比賽進入倒數的情況下出手，我會試圖清空腦袋。當然，我不會每次都投進，但我覺得自己總能從失手中學到東西。「媽的，我投了兩次這樣的球，都是偏左。為何在倒數時刻就會往左偏呢？」於是我心想：「好，以後每次練習投籃時，我都會在心裡倒數三……二……一。」這樣一來，到了實際比賽的倒數階段，我就能做好把球投進的準備。

年紀比較輕的時候，我對這件事過於執著，某種程度上妨礙了我，因為我一直在擔心最後一擊，一直在思考該不該自己出手。有幾次我拿到球卻猶豫著要不要出手，因為生涯早期在公牛隊投失太多這種球。所以，我就在練球時模擬類似情況，每次都自己在心裡倒數。一拿到球就啟動倒數計時器。一次又一次。

到了對邁阿密的第四戰，我已經習慣了。出手毫不猶豫，沒進。再得到一次機會，熱火派勒布朗貼身防守我。當防守者擁有那樣的體格，情況會變得很艱難，但如我之前所說，我反而希望他們整場比賽都派勒布朗守我。他們沒這麼做。我再次失手，但必須馬上將之拋諸腦後。我不能對此耿耿於懷，尤其在後面還有延長賽要打的時候。只是一球而已：我沒有執行好，但後面還有機會。

我知道很多人現在聽到這個會笑，會覺得是藉口，會覺得我們瘋了，但去問隊上每一個人——羅爾、泰·吉布森、希伯杜——他們都會這樣告訴你：失去歐米爾·阿西克，影響非常大。歐米爾搭配喬金或是科特．湯瑪斯，會給邁阿密帶來問題。我們可以用更兇悍的球風招呼他們，而歐米爾確實擁有令熱火隊感到棘手的身高。他在第三戰受傷，局勢大變。他打滿整季，偏偏在那一戰受傷，後面的比賽都不能上場。又是傷痛攪局，我們真的比所有人所認為的更接近勝果。邁阿密也知道這支球隊不會懼怕他們的明星陣容。

在希伯杜的執教之下，跟邁阿密對決的每一場球都像那樣，強度很高並且充滿挑戰性。你知道季後賽的關鍵是什麼嗎？做出正確調整的球隊就能帶走勝利。而他們做出了正確的調整。失誤——我想我可能有七或八個——都是來自過度思考，試圖帶球隊闖關。我知道自己一定要多得分，比數才不會被甩開。這沒問題。而他們試著逼我在防守端疲於奔命，好讓我沒體力在進攻端造成傷害。

我們以為第五戰已是囊中之物，結果他們快速逆轉超前，比賽就這樣結束。我們以為搞定了，要回到邁阿密打第六戰，結果……他們是怎麼得分的？兩分鐘內拿了十四分？韋德完成四分打，於是他們前進總冠軍賽。這是最傷的：領先那麼多分，以為勝券在握，但他們就是接連打出好球。我們本來才該是逆轉獲勝的那隊。

那份經驗確實也教了我一點東西。就是從那次開始，我跟ＢＪ探討如何在聯盟終結比賽。結論基本上就是：讓敵隊領先其實無妨。有時候就算在第四節落後十分也不用在意，因為他們接下來會迎來截然不同的打法。當你把比分追近，他們會開始緊張，最後丟掉比賽。當他這樣跟我說，我完全明白他的意思。而我確實有能力以那種方式影響比賽。「好，現在落後十四分或十六分，不好打，但我們要在比賽剩下四分鐘的時候把差距追到八分以內。」有點像是賽馬：一路領先的馬耗盡體力，緊跟其後的馬就可以逆轉超前。這將是我未來看待比賽的方式，知道我們比對手更會終結比賽。我們以前只是還沒理出正確的打法，因為太年輕。現在，我們已經準備好了。

然後，我就受了大傷。

9. 失速

沒錯，十字韌帶的傷改變了我的人生。二〇一二年四月，受傷後的我在醫院情緒崩潰，因為已經沒有籃球可以打了。至少暫時是這樣。從那一季的走向來看，本以為我們跟冠軍如此接近，結果我出局了。但現在我必須收斂心神，專注於復健。很長久的復健——而我痛恨復健。那是孤單而煎熬的過程。

前四個月我都得穿著支架，頭三個月甚至必須穿著支架睡覺，根本沒辦法睡，連翻身都不行。有另一半在，更要注意床上的人，其實必須注意身邊所有的物品。久而久之，我成了這方面的專家，當然這非我所願。我馬上就問醫生：「我一週要做幾次復健？」頻率就跟我所害怕的一樣高。每一次進行復健，我都感覺非常悲慘。

但我還是努力做了，因為運動員可以透過適當的復健重拾往日身手。我是這麼相信的。

先從重量訓練開始，時間大概是早上八點到八點半之間。每天起床第一件事情就是前往復健中心。在診療床上伸展，軟化疤痕組織，做彈性運動，然後測量身體的彈性。接著踩腳踏車讓膝蓋暖身，然後開始奔跑彈跳。踩腳踏車是為了血液循環，也可以在跑步機上走五到十分鐘。從腳踏車或跑步機下來之後，就開始減速訓練，接著是加速訓練，其實跟田徑選手的訓練內容很接近。

十字韌帶傷勢的復健之中，減速運動是最困難的。每個醫生都會這樣告訴你。你的身體沒有平衡，心裡對關節也沒有足夠信心。需要無數回的反覆練習。跑步對我來說不是問題。這是旁觀我打球的人從來不了解的地方。我很能跑——但重點不是這個。往後的漫長日子裡，要重新把肌肉練回來，重新把一切建立起來。

我習慣打整個夏季的球，一路打到球季開始。現在，開季之後，從早上八點一直到，媽的，一直到晚上的比賽結束，我都要不斷復健。

在比賽開始之前進行訓練，然後回來冰敷，進行所有修復身體相關的事情。日復一日，日日如此。球隊要我去跟不同的心理治療師談，每一個其實都一樣。他們都要你向他們發洩，然後觀察情況，總之就是心理學那套。但我覺得只要身體康復，我自己就能輕易克服心理的問題。我不覺得有需要跟任何人談。我之所以難過，只是因為身體受傷。我覺得只要康復，所有問題都會迎刃而解。遇到這種時候，我會把自己封閉起來。自己獨處，很多時候就是看一大堆紀錄片。然後盡快展開訓練。

到了夏季，每天都先從復健開始，復健完才練球，一天兩段。必須確保每條肌肉都處在同樣的波長或頻率或不管什麼東西。有一條肌肉受傷，就會造成過度代償，正因如此，後來我才會把內側腹韌帶也弄傷。

那次的狀況是：哦，該死！無緣無故，突然發生，就這樣開了一個小小的裂口。很大部分要歸因於我的身體特性。我可以很快練壯，變得大隻。我的身體就是這種型。對於控球後衛來講，我又大又壯。就算膝蓋已經不復以往，我的速度還是很快。為了照我想要的方式打球，身體就做出過度代償。但很多人沒辦法做到這樣，因為他們沒有這種運動能力。然而，我後來才發現，擁有此等運動能力，也會帶來不同的問題。

*　*　*　*　*

我覺得我的傷勢之所以帶來那麼大的爭議，原因之一是美式足球選手阿德里安・彼得森（Adrian Peterson）。他只花很短的時間就從十字韌帶的傷勢中復出，好像才八或九個月？他打的是美式足球，所以情況跟我完全不同，但我還是不知道怎麼有人可以做到這樣。所以我才說：「拜託，大哥，同一年就能復出？」二〇一三年初，隨隊的最後幾個月，我能夠健身與投籃，但無法用原本的方式移動。所以我知道身體仍不對勁。

每個人都給我建議。所謂醫生畢竟是那種醫生——他們是**隊醫**。他們都說我的身體已經沒問題了。但當我跟其他球員談起傷勢時，他們則會告訴我：「休息一年吧。遇到這種鳥事，復原通常要花超過一年。」每個球員都這樣講。我想要早點回到球場，但身體跟我說：「不行，再等一下。」我的膝蓋還是痠痛，不應該有這種感覺才對。所以我才選擇休息久一點，因為我覺得身體會撐不住。但媒體不想聽這些。

我一心只想著救贖，把失去的討回來。第一次受傷，我不敢相信這種事真的發生。「不，我可以處理。我會搞定一切。」但事實是，我的十字韌帶跟整個身體都逼我休養久一點。而這就是無時無刻令我煎熬的兩難。我想要快一點重返球場，但我也在那時候學會傾聽身體的聲音。我做了太多，練了太多。我想要感覺自己正在做準備，不管是為了什麼做準備。我不想要任何藉口。我覺得自己什麼都不能做，但至少可以做訓練。只要下定決心，我就能做到，就跟以前一樣。當我在球季之中進行平常的訓練，結果打了一場爛比賽，我會怪罪自己少做了某項訓練。沒做足準備，是自己不好。我帶著同樣的心態進行十字韌帶傷勢的復健，以為做足所有訓練，就能提早回到場上。然而，我卻做過頭了，沒能讓傷勢以更自然的方式復原。

我整個生涯都抱持這種心態。我早已無路可退，而當人們開始質疑我的時候，更是如此。於是我心想：「好吧，既然這樣，我就練得更拚。」有意思的是，整個負傷期間，我沒有對聯盟裡任何球員產生嫉妒之心。看著他們大展拳腳，反觀自己經歷的一切，我卻從不嫉妒同儕。就算他們一個接著一個超越我。這只會給我加倍努力訓練的動力。我的思維是：「天啊，羅素・衛斯特布魯克今年打得那麼好，我一定要更拚。史蒂芬・柯瑞連續兩年都那麼出色！不拚不行。」懂我意思嗎？有些人就是見不得別人成功，但我知道嫉妒會把一個人毀掉。我不想要把這種負面能量帶進生活之中。我必須把別人的成功化為自身的動力。

我不想聽起來像在炫耀或是自吹自擂，但打球的人其實很像藝術家。不是一般人定義中的那種典型藝術家，例如舞者、畫家或繞舌歌手，而是另一種藝術家。這就是我的感覺——打球的人都有這種感覺。我不能帶著五成功力上場，交出一個爛表現，然後因為讓球迷失望而怪罪自己，夜裡也不能成眠。在關鍵時刻罰球失手，或是沒能在場上帶給觀眾驚呼，這樣上場打球的意義何在？

就算我拖著還沒復原的膝蓋上陣——姑且不論這會對我的未來生涯造成什麼樣的傷害，就算這是很重要的——大家還是會批評我，說我辜負了球隊，說我太自私了，說我根本不該上場。歌手應該帶著沙啞的嗓子登台演唱嗎？不，你有義務給粉絲最棒的表現。我明白自己不能這麼做。如果那年我沒有休掉整季，我想之後大概也沒有什麼籃球生涯可言了。假如我真的提早復出，又能給你們什麼樣的表現？根本沒道理啊。

當然，批評我的人不這麼認為。

我很快就知道自己無法在那一年復出。我的膝蓋還沒準備好，差得遠了。我在二〇一二年五月動手術。每個人都說必須休養一年，再看看那些十字韌帶受過傷的球員，像是拉簡・朗度、查克・拉文（Zach LaVine）、達尼洛・蓋里納利（Danilo Gallinari）以及賈貝瑞・帕克，全都休養一年或是更久。

大家很快就忘記柯爾醫生在我的手術之後所說的話。他在這個領域是世界上最傑出的醫生之一，而當時他這樣告訴媒體：「雖然他有希望在十二個月之後回到很高的水平，但很可能還是需要休養久一點……取決於肌肉心理，也就是信心問題。」他明明說從五月算起十二個月，甚至更久。

而我到了隔年三月跟四月還沒復出，竟然有問題？到底為什麼會這樣？我記得有一次被逼急了，我的回答從「只有上帝知道。」到「饒了我吧，我已經很努力嘗試了。」他們聽了還是不爽。怎麼會這樣？

說認真的，通常要等到這種手術過後的第二個球季，才會看到傷癒復出的球員打出接近以往的水準。如果只隔一年，你會發現他們無法達到本來的程度。查克·拉文就是很好的例子。傷後復出的第一年在公牛隊表現平平，甚至因為肌腱炎而沒能打完球季。再下一季呢？看看他變得多神勇。

但批評我的人要我在九、十，或十一個月後復出。不只是過早，也剛好遇到季後賽開打。你們也知道季後賽籃球有別於一般籃球。這種事怎會在自己的家鄉發生？所以我選擇退出，很難不做出這樣的決定。我可以在場上移動跟打球——**看起來好像**康復了。但我是邊思考邊打球，而不是讓身體自己做反應。很多人可以邊思考邊打球，但我偏偏是本能反應型的球員。如果身體還無法像以前那樣做出瞬間反應，那就不是屬於我的打法。

但我還是得要順著他們，踏上球場打球，好像已經傷癒復出。設想如果我說：「不要，我還沒有要重返球場。」情況一定會變得像是科懷·雷納德（Kawhi Leonard）在馬刺的最後一季所經歷的那樣。他們不相信他，說他在裝。受傷的球員試著重返球場，但知道身體還不允許。「他看起來好好的啊，怎麼不打？」想想我在芝加哥會受到什麼樣的質疑。「什麼？你不上場？」所以我只好上場，讓大家看出「哦，感覺不太對」。事實上，我的膝蓋根本還沒準備好。

我在復健期間問了很多問題。他們說也許需要一年的時間。前三個月，我需要雙腿套著復健器材睡覺。但三個月之後，我認為自己應該沒事了。我心想：「嘖，我一定要找回自己的節奏。我一定要把所有事情都做好做滿。」但我沒有辦法打季後賽。倘若我帶著當時的實力上場，大家會納悶：「咦，他是怎麼了？」搞不好當下馬上把我交易掉，哈哈！

好，就這樣，那些鳥事結束了，他們說我可以打球了。但這並不代表我可以打聯盟的比賽。我跟他們說我還沒準備好上場。做完某些動作之後，我的膝蓋還是會痠痛。很多訓練內容之後都會。我知道自己還沒準備好重返球場，不用再多說什麼。我的球技全都來自瞬間反應。我無法像以往那樣在場上做出反應。我知道情況不對。但我努力嘗試，不斷驅策自己。

當媒體進入場館採訪球隊練球，我覺得自己應該踏上球場表現出正在練球的樣子，於是塑造出似乎可以打球的形象。我生涯中從來沒有進到球館後，說我今晚不想出場，一次都沒有。

接著，我哥哥在訪談中說的一段話又引起風波。手術約莫九個月後，每個人都一副我隨時可以上場的樣子，但我的膝蓋根本還沒復原。瑞吉公開說了類似這樣的話：「德瑞克幹嘛要復出？他們又不透過交易幫助球隊打季後賽。」

聽好，你們也知道家人是怎樣。家人之間就是會扯閒話——每一家都一樣。但我不能反過來怪罪我的家人。沒錯，關於交易的事，我確實跟家人聊過。所以我知道他為什麼會那樣講。但他其實沒必要公開對媒體講。他當時感到沮喪挫折嗎？當然，看我那樣，他很不爽，於是在訪談中表現出來。以我對我哥的了解，沒錯，這確實是他會做的事。但無論如何我都會跟他站在同一邊，他是我兄弟。

我不敢相信自己錯過一整個球季——五、六歲之後第一次那麼長一段時間沒打籃球——但我把心思都放在把鍛鍊身體，試著重返球場，不要多想膝傷以及手術。我一直都是往前看的人，我也真心想要上場打球，但身體的某些方面就是不對勁。這種感覺清清楚楚。每個人都說沒問題，但你就是知道情況不對，懂這種狀況嗎？我感覺到某個地方出錯。所以在錯過一個球季之後，下一季的十一月在波特蘭再次傷到膝蓋，我並不意外。

* * * * *

在二〇一三年的賽季復出的時候，現場有好多媒體。「他會怎麼做？他能走路嗎？」有時候我覺得自己像是籠子裡的動物，每個人都盯著我看。「他是不是一跛一跛的？他真的回來了嗎？」我打得還可以，因為大腿後側肌肉痠痛缺陣一場。我覺得自己的投籃手感不錯，好像有一場飆進五或六顆三分。我也能攻擊籃框，但身體並不平衡。休息那麼久，我的身材變得超壯。而且我又整天鍛鍊——反正不能打球，那我就舉重，做各種訓練——而當我的身體變成那樣，當我練得太壯，就會讓整體失衡。當我的身體不平衡，情況就會變得很糟。我的臀部不正。我發現這就代表自己踏入受傷的風險區。

現在我懂這個道理，但當時的我還不懂。我只是感覺……不對勁。對此也有一點害怕。但畢竟離開球場那麼久，我以為那是正常的，傷癒復出就是會有那種感覺。我當時還不像現在這樣認識自己的身體。我把兩隻腿都練壯，把上半身練壯，體重大大超標，至少有兩百一十五磅，大隻的很沒道理。但太久沒法打球，就是會發生這種事。我以為自己必須練得更壯，更好的體格將會帶來幫助。

但這卻給我的膝蓋帶來太大的負擔。我驅策自己為復出而努力，也許逼得太兇了。也許應該在某些訓練上緩一緩，但我當時已經一頭栽進去。等不及要復出了。當多數人設法跳脫訓練慣例時，我全心投入其中。而我覺得自己太過投入，往後才會造成其它的膝蓋傷勢。

在波特蘭再次受傷，實在很慘。只是一個簡單的走後門。傷退之前，我打出那一季最好的比賽。我記得在第三節剛開始就投進一顆三分，讓得分達到二十。我們在一個不好打的客場打出一場好球。很妙，每次悲劇都在領先的時候發生。就只是往籃框做一個空切，我馬上知道身上有地方出問題，但我也覺得可能有機會繼續打。

跟十字韌帶受傷那次一樣，我一直跟自己說：「只要不是十字韌帶就好。」那就是我的應對之道。「什麼傷都好，反正傷都傷了，只要不是十字韌帶就沒關係。」我永遠不想再次經歷十字韌帶傷勢的復健，那真的要重新學習走路跟跑步。我知道自己可以再次上場，但畢竟是再次傷到膝蓋，我不確定能否重拾招牌的加速爆發力。或者，是否能有足夠的信心，可以不假思索地用自己想要的方式打球。這是受傷之後最重要的心理議題，而對我而言，心理層面扮演很大的角色。重點不全然是「能不能重現本來的打法？能不能擁有本來的速度？」而是我會不會必須再次經歷那一切，那種看不到終點的復健過程。又是另一個漫長的冬季，但我知道自己將會再次站上球場。

結果，我入選國家代表隊，為一切帶來轉機。我連髮型都換了。是時候化身參孫了嗎？

10. 迎接改變

後來我才了解，我把身體操過頭了。

我的身體跟其它球員的都不同。年輕的時候不會去想這些，就是一直打球，尤其我又在場上得到那麼多成就。因為一切感覺起來都那麼對，那麼自然。我的身體壯得很快。但我的所作所為其實正在破壞身體平衡，因為沒讓雙腿自然調適。我花了好幾年才理解這點。我先讓右腿比左腿強壯。下一次復健，我又讓左腿比右腿強壯。其中一隻腿的力量總是太強，我一直覺得不平衡。但是當你像我這樣傷到膝蓋，不會知道什麼感覺算是正常，因為根本沒經歷過，而每個人都持不同的說法。真的很難熬。我又必須獨自挺過這些，不斷思索，不斷懷疑。而每個人只在乎我何時可以重返球場，是否能夠重拾往日身手。

直到二〇一四年隨美國國家隊出征世錦賽，我才逐漸理清頭緒，領悟到：「我必須用不同的方式訓練，稍微減少重訓，然後減輕體重。」體重干擾著我，也確實對身體造成危害。但就是要經歷這些風雨才能學會。每個人都給出不同的建議，而你必須自己做出決定，就算你不是醫生。不然還能怎麼學會？

二〇一四年夏季，我終於在紐約領悟這個道理。我在那裡看醫生。遠征海外時我們也會看醫生。沒人能夠解釋我的膝蓋為何仍然痠痛，直到我在球季開打之前返國。我對飲食做出改變，開始減重，於是膝蓋的負擔就減輕了。

我很開心可以為美國隊打球，很感謝K教練麥克・沙舍夫斯基（Mike Krzyzewski）跟傑里・科朗格洛（Jerry Colangelo）選我入隊。我知道有些人以為我對於從板凳出發感到不爽。但我其實不在乎。最瘋狂的是，我碰巧聽到關於我先發與否的那段對話——聽到K教練跟科朗格洛在講這事，但我不是故意偷聽的。對於讓凱里・厄文擔任先發控衛，他們沒找我說過什麼，但我卻剛好聽到這段談話。

我們當時在海外某處，我上樓準備按摩放鬆肌肉。正在按摩的時候，我聽到隔壁有兩個男人在交談。你知道的，國外的牆壁都很薄，所以隔壁講什麼都聽得一清二楚。於是我聽到他們談起厄文以及球隊未來的方向。聽到這段對談其實挺酷的。他們沒說我哪裡不好，只是說以目前球隊的輪替陣容來看，讓厄文擔任先發會是比較理想的決定。真正讓我驚訝的是，他們竟然在公眾場所談論這種事，而我就剛好在隔壁房間。後來，有些比賽由我先發，有些比賽由厄文先發。他們只是說：「我們喜歡厄文打這個位置。」我並不感到氣惱或失望。任何能幫助球隊贏球的事都是好事。聽到那段對話時，我只是心想：「拜託，你們不能私下聊嗎？」

關於那支美國隊，另外一個好玩的事情是——老實說，其實並不好玩——考量到現今籃球的態勢，尤其扯到贊助商的時候，你不是在局內，就是在局外。最好跟對贊助商，像是ESPN或是耐吉。勒布朗就是最好的例子。不是說勒布朗不夠資格，只是說觀眾會這麼常在電視上看到他，是有別的原因的。如果沒跟這些贊助商簽約，情況就不一樣了。阿迪達斯旗下的我最清楚。「抱歉，但事情就是如此。」NBA的大藍圖就是跟ESPN以及耐吉息息相關。舉個實例，當我隨美國隊出征，我哥要去幫我領取**iPad**，因為耐吉要送每個國家隊的球員一台**iPad**。但他們說：「不行，我們沒有準備**iPad**給跟阿迪達斯簽約的球員。」

我是美國隊的一員耶。就因為我隸屬阿迪達斯，就沒有iPad可拿？

我記得，我說：「瑞吉，可以去幫我領我的iPad嗎？」然後，他們說：「不，沒你的份。」

這是籃球運動的政治面。受傷之後，我的體會尤其明顯。空氣中瀰漫著這樣的態度：「你錢都賺飽了，趕快退休，不要打了啦。」也許人們只是談我談膩了。但當我有所表現，大家又是一頭熱。

我總認為自己仍有影響力。感謝希伯杜教練給我機會在明尼蘇達再次大展身手。我不是過氣了，只是現在的粉絲聲量比較小。

我在中國的支持者還是很多。你也許聽過一些關於阿迪達斯的風聲，說我對他們而言是負累。但請相信我，阿迪達斯在我身上賺夠本了。關於球鞋合約，我覺得自己靠努力達到現在的位置。並不是一進聯盟就有球鞋廠牌捧著合約上門找我。但我的商品在中國熱賣，現在我還是會去那裡做宣傳。我的球鞋收入主要來自那裡。我不喜歡多說話，但對數字很精明。所以我至今仍在阿迪達斯旗下三大簽名鞋款球星之列，另外兩人是詹姆士・哈登跟達米安・里拉德（Damian Lillard）。二〇一八年八月我造訪中國之前，羅斯九代上市。現在阿迪達斯正在商討我的第十代簽名鞋款以及歷代球鞋的復刻計畫。

中國人很重家庭，我想這也是他們能對我產生共鳴的原因之一。他們看見我跟家人合而為一。到了那裡，我發現他們的文化也是如此。每次在中國我都能感受到球迷的愛。我很喜歡去那裡——我可以感受到那種熱情。他們在二〇一七年為我做了一段影片，中國的球迷們對著我說：「羅斯，我們愛你。」真的很棒，讓我很激動。這是我的福分。

＊＊＊＊＊

隨美國隊出征期間，對我來說，很多事情改變了。說真的，起初我覺得自己的傷勢都來自厄運，或是不好的業報，直到我把頭髮留長。那只是一個開始，從此情況漸漸轉變了。

很多人不了解，但我覺得對於我們黑人來說，頭髮的意義重大。頭髮就是力量，這是真的。這也是我決定把頭髮留長的原因之一。當時經歷太多負面的事情，導致我的心態隨之扭曲。我一心只想著復仇，太憤怒了，我氣他們發表的言論，氣他們寫的文章，愈來愈鑽牛角尖。我本不該是這樣的人。

把頭髮留回來之後，肩上這份重擔彷彿消失了，我的思慮又變得清晰。我知道這聽起來很扯，但對我來說卻是千真萬確。也許人們不信，但這就是我留現在這個髮型的原因。這某種程度上代表了我正處在人生中一個更好的位置。

你幾乎可以透過髮型的轉變來辨示我生涯的不同階段。最開始是短髮玫瑰。這有點像聖經裡參孫的故事。我不是虔誠的教徒，但黑人的頭髮就是不一樣——這很重要。我們可以留非洲爆炸頭。多數人的頭髮到了一定長度就會垂下來，我們的頭髮卻可以一直往上發展。在其它地方——某些部落——他們甚至用髮型標示不同的場合，不同的身分，不同的力量。現在擁有的這堆頭髮把我徹底變成不同的人。把頭髮留長，感覺好像重拾了力量，也讓我變得更加成熟，更加體貼，也更有同理心。要在追逐偉大的過程中做出正確的事，有時候並不容易。

隨著頭髮留長，我開始把復仇的念頭擺到一旁。第一次傷癒復出的時候，雖然不至於身處黑暗，但我一心只想證明大家錯了，結果卻忘了做自己。我不知道當時的自己是誰，但總之不是真正的我。現在，我覺得我知道自己是誰了。我知道自己多麼有天賦。我知道自己一定會再次創造偉大。所以何必勉強？我感覺自己漸漸找回狀態——不是強求的，而是讓狀態自然而然回到身上。這似乎讓我回春，屏除所有老舊的思想，終於可以甩開許多纏繞心頭的東西。我想要保留這樣的髮型，而我知道生活中的一切終將水到渠成。

* * * * *

我覺得現在的生活很好。我愛父親這個身分。這是發生在我身上最好的事。我一直都想要小孩，而且最好早一點。我知道NBA有很多人不想要小孩，方便他們過**那種**生活。也沒什麼不好，但不適合我。我從小待在充滿小孩的家庭，身邊總是有嬰兒或幼童，必須幫母親或哥哥或叔叔阿姨照顧小孩。我一直都很喜歡。

哥哥們生小孩之後，希望有其他小孩跟他們的小孩互動，這是很重要的。我自己就是這樣長大的。確實，房裡沒有足夠的私人空間確實討厭，但也有好處：總有同伴可以一起玩耍，為你瞻前顧後，你也知道這些同伴真心在乎你。

看到哥哥們生小孩很酷，也讓我省思：「天啊，我錯過了什麼？」讓我想要把家庭擴大。我一直都覺得自己要有三個小孩。我兒子ＰＪ喜歡小孩，也到了需要兄弟姊妹陪伴的時候了。我很開心，因為他現在有了蕾拉這個妹妹。她很完美，好笑而且閒不下來，整天跑來跑去，似乎有用不完的能量。

ＰＪ的生母名叫麥卡·布萊克曼·麗茲（Mieka Blackman Reese）。我跟她處得很好，是非常要好的朋友。我很重視跟朋友的情誼，總會確保彼此有共識。聽好，我分別跟兩個女人生下孩子，責任在我。我要負責讓兩個女人之間維持良好的關係，結果也確實如此。重點就是溝通、耐心與關懷。不是前女友離開我，是我離開她跟孩子。所以我必須跟我的現任女友說：「妳必須了解，她被我傷了。我離開了她。妳要處理好自己的情緒。」但我們之間沒什麼芥蒂。

ＰＪ跟他媽媽住在一起。夏季待在洛杉磯的時候，我會在我的住處對街為她租一間房子，好讓ＰＪ在賽季之外也能繼續跟我待在一起。離開芝加哥最讓我難熬的就是這一點：要離兒子那麼遠。所以紐約跟克里夫蘭算是理想的選擇，離芝加哥比較近，可以隨時回去。

我跟麥卡是在我剛進聯盟時認識的。她是芝加哥人，但我認識她的時候她正在克拉克亞特蘭大大學讀書。我是在芝加哥與她相遇，但她必須回亞特蘭大上學。我們談了很久的戀愛，從我十九、二十歲就在一起，到了我二十四、二十五歲才有了ＰＪ。生下ＰＪ之後，我跟她變得比較像是朋友。並不容易，而我是離開的那個人。當時的關係已經讓我們兩個都很有壓力。終於，我們決議兩人當朋友就好。事實上，在熱戀之前我們本來就是好朋友。我真的把她當朋友看待。現在我們之間的關係非常棒。沒有任何一張關於監護權的文件，只有對彼此的信任。

我女兒蕾拉在二〇一八年三月四日出生，媽媽的名字是雅蓮娜·安德森（Alaina Anderson）。我們透過共同朋友相識，她也是芝加哥人。她的年紀比我小，大概差六歲。

ＰＪ這個名字來自我的小名，意思是「小小熊」（Pooh Junior），而蕾拉這個名字是雅蓮娜取的。我們說好男生讓我取名，女生讓她取名。

接著，在二〇一九年，我跟她生下我的第二個兒子，名叫倫敦。我覺得自己很有福氣。

*****

除了場上，我跟其他NBA球員私下沒太多交集。下了球場，我過著截然不同的生活，現在尤其如此。當然，年輕的時候我也會跑夜店，但一樣不是跟NBA球員去。他們人都很好，我也跟每個球員相處融洽，但我的生活就不是那樣。我只想跟像是朗多那種好友或是家人待在一起。雅蓮娜現在也常常隨我征戰各地。

我曾經不確定要不要繼續打籃球，在紐約跟克里夫蘭時確實是這樣。但若真的不打，就太自私了。我已經有錢，有了保障——但為了我打算在退休後設立的基金會，應該繼續賺錢。我已經做了一些事：After School Matters、羅斯獎學金、莫瑞公園，還有幫忙支付的葬禮費用。待我從球場退休，我真的想要投入一些更認真的事——生意方面的事。重點永遠都是回饋。我投入的還不夠多，因為我想要把這種事當作全職來做。我現在的工作仍是打籃球，但我真的想要多幫助孩子。對我來說，孩子就是一切。我覺得生命的價值在於給予。

我會花錢，但我也會留錢給孩子。我要他們未來衣食無缺。我為他們設立了信託基金，也打算讓他們培養財務概念，習慣處理金錢。讓我很開心的是，我有能力買名牌服飾給兒子，但他一點都不在乎。當然，其他人看到，會跟他說他的行頭有多厲害。但我喜歡他對此不屑一顧的態度。他就是一般小孩。家裡沒有人需要像我小時候那樣為生活煩憂，這讓我感到快樂。這也是我很愛家人的一點。他們不迷那些我迷的東西。如前面所說，雖然我不常炫耀，但我其實喜歡物質層面的東西。我的家人們對衣服的認識，都是來自我贈送的禮物。他們會說：「這些很棒，但我還是想要塔吉特百貨那件二十五美元的襯衫。」

我哥瑞吉做的就是把我放在一個可以掌控自己人生的位置。在我比較年輕的時候，有些人會不爽，說你哥好像控制慾很強。我跟他之間的相處從小就是如此，完全一樣。唯一改變的東西呢？就是我變聰明了。哥哥們都知道，在任何立場，對於任何事情，我總會提出自己的意見。我表達我的感覺，表明我想要怎麼做。我試著抱持恭敬的態度，但我就是我。我總感覺到自己是獨立的。芝加哥讓我學會，要獨立才能生存。

我總是相信別人，但我也能看清一個人的好壞。我跟我的理財顧問一拍即合，現在她有點像是我的阿姨。我相信她，讓她幫我找私人銀行。我只把錢投進自己的信託基金——三年期權、五年期權——稍微冒點風險，但大致上還是保守的。

我現在已經抓到投資理財的訣竅，但一開始她要我跟銀行家們一起參與各式各樣的金融會議，以便我了解財務的運作。對於股本或債券等等的東西，本來我一無所知。於是，我研究、學習、讀書、看影片，時常參加長達三小時的會議，聽那些行家講話。然後我開始愈賺愈多。我承認，付那麼多稅，令我氣惱。我也開始研究其它東西：壽險、遺囑，以及可以協助我分散風險的不同金融工具。先把一切搞定，這樣一來，倘若我遭遇什麼不測，所有財產都會直接移交給我的孩子。

我不做高風險的投資，例如房地產或是我不懂的東西——也不跟不認識的人合作。那不是我的投資風格。我總覺得如果真要投資些什麼——而我終究會——就要搞魔術強森那種等級的事業。他的事業可以改變人生。我不單單想賺錢，我想成就一些可以改變他人生活以及影響社群的事業。在這方面，我還沒做太多。我大可以到處掛名，開始一些計畫，但我不想這樣搞。正因如此，我還沒設立基金會。理想的畫面是，我穿著西裝到場，旁邊的人說：「德瑞克，這是你今天的行程。我們今天要跟孩子們進行這些活動。」我說：「沒問題，來搞定這些事吧。」我想要親力親為，全心投入，成為其中的一部分，看看事情會怎麼發展。

我想要造就改變。先從擁有設施開始——如果願意的話，我的家人可以在裡面工作，每個人的小孩都可以去那裡。不全然像是美國男孩女孩俱樂部，而是可以讓你享用設施的地方。如果想要為社區裡的孩子們安排活動，就為他們保留時段。例如九點到十二點，可以進行聯盟比賽。也可以帶孩子們健身，總之時段已經保留下來。接著，十二點到一點，住在附近的小孩都可以來使用體育館。他們會知道某些時段這個場地是屬於他們的，一天可以有兩段，讓他們在體育館裡盡情玩樂，享用那些設施。

我喜歡在夏季待在洛杉磯的原因之一，是可以跟魔術強森見面，他會把他的人脈介紹給我，那些擁有大樓與房地產的人們。也可以就近觀察他如何處理生意，怎麼參與孩童的成長，例如他舉辦的電影劇場。我很愛電影，參加過很多他的電影活動。

我覺得我總在照顧人，因為我自己就是這樣長大的。為了生存下去，必須彼此照應——在我的家裡，在我的鄰里。我總說：「要用正確的方法，不要動用儲蓄。我總是花賺進來的錢，不去動用存著的錢。」我會說銀行對帳單上的數字確實讓人感到卑微，但我依舊過著簡單的生活。

我吃得也簡單。我不吃魚肉和牛排。我只吃火雞肉跟雞肉。長大的過程裡，母親都會下廚。她喜歡煮東西。我當時吃得比現在多很多，但我覺得當時的經驗也是我現在不吃牛排的原因之一。小時候我們會去買牛排，但那會是什麼等級的牛排？品質如何？我們都在街角小店買牛排——如果那些肉算得上是牛排的話——所以你能想像肉質有多硬。我想那種口感讓我對牛排反感。你不會說那是好的牛排。我會在比賽日吃義大利麵跟三明治。以前我很愛吃潛艇堡，賽前再吃點義大利麵跟雞肉或馬鈴薯，就能上場打球了。我不會把整餐吃完，吃一半就好。打完比賽，有時我會出去吃，但大部分的時候都直接回家，跟朋友一起邊吃邊看比賽重播。

客場征戰的旅途中，我會跟雅蓮娜到處用餐。我喜歡義大利菜跟中華料理。我們通常會在紐約、邁阿密、洛杉磯、波士頓、紐澳良、多倫多等等大城市出門上餐館。

作客的旅途中，我常常自己去看電影。雅蓮娜不愛看恐怖片，而我喜歡那種電影。所以我常常一個人去看恐怖片。但上餐廳吃飯，我喜歡有人陪，這樣我才能享受食物。如果沒人陪我，我就待在旅館裡，或自己去看場電影，然後回飯店休息。我出門從來不用做什麼偽裝。我的身高一般，沒有六呎六或六呎八，戴個帽子就能融入人群。頭低低往前走就對了。

在聯盟裡征戰客場，我喜歡大舞台。例如現在勒布朗為湖人打球，我就迫不及待要跟他們對戰。那樣的比賽讓我想起在芝加哥街頭打球，一堆人圍著球場，吼叫，噴垃圾話。我喜歡觀眾的驚呼。我喜歡做出某個動作之後，群眾的反應讓我知道他們懂籃球，他們知道場上發生了什麼事。也許看來簡單，但會有人驚叫：「哦，媽的，這球也傳得太好了吧！」我喜歡在那樣的地方打球。

例如在費城，觀眾會喊一堆有的沒的。曾經有一個傢伙舉著牌子，上面寫著：「你沒考ＳＡＴ。」你知道有些人會隨著比賽進行，在板子上塗寫不同的文字嗎？那傢伙隨手寫了這些字，秀給我看的時候，他一副快笑死的樣子。我能尊重，我也對著他笑了。我喜歡這種事。正因如此，我喜歡在費城屠宰七六人隊。波士頓也一樣，在那個場館投籃的感覺很好。湖人的史坦波中心（Staples Center）超棒的。鳳凰城跟金州也是我格外喜歡的客場。

在費城或波士頓，有時候觀眾會吼些難聽的話，像是：「你這個垃圾！」這反而餵養了我的鬥志。「好哦，現在要跟我槓上就對了？下一球我一定吃掉防守者，咱們再來看看你還覺不覺得我是垃圾。」要抓到這種感覺。可以用這種方式體驗球賽，對球迷來說也是好事。我在場下不愛跟人鬥，但上了球場我會變一個人。在芝加哥是怎麼說的？打死不退。我不需要在場上噴什麼厲害的垃圾話。一句話都不用說，我可以直接秀給你看。

* * * * *

接近公牛生涯晚期之時，我覺得自己漸漸找回狀態。但我能感覺到業力發生作用——事態正在改變。懂那種感覺嗎？你一直都跟某個人待在一塊，但不知怎地，情況就是變了。然後，某個別人出現了。我覺得吉米出現之後，我跟公牛隊之間有點變成這樣。而吉米確實有當球隊「一哥的企圖。

不管媒體怎麼說，我跟吉米之間的關係一直都不錯。我跟隊友一向處得很好。所謂隊友，就應該這樣。我跟吉米之間不曾有過什麼問題。沒有衝突、口角，或諸如此類的東西。事實上，當吉米在明尼蘇達深陷交易風暴，他找我傾吐心事，而我也給了建議。我了解他經歷的狀況，知道哪裡不對勁。我們隨時都在傳訊息交談。我告訴他，不能被奪走主導權。當時我會跟所有隊友說話，頻率比我待過的任何一支球隊都高。我了解到自己如今身為老將，需要擔起領袖的責任，多說話，多溝通，縱使有違我本身的個性。

在公牛隊的時候，人們很想看到我跟吉米之間有摩擦，然後坐山觀虎鬥，事不關己地說：「你看，這些傢伙真壞。」有點像點燃一根火柴，然後說：「來瞧瞧這兩個黑人互鬥。」

不，我跟吉米之間不是那樣的。但我會說，當我到明尼蘇達時，吉米已經脫胎換骨。我的意思不是說公牛隊的他是個混蛋，但他在明尼蘇達已經蛻變成一個比較有自信的老將。交易風暴跟訓練營風波，那是兩回事。別忘了，在公牛隊的時候，我確實買過那隻名錶送他，就只是要讓他明白：「兄弟，我並不像他們說的那樣。」稍微向隊友表達一下同袍之愛而已。我記得大概花了一萬五千美金買那隻錶。身為老大哥，有時候就是要寵一下隊友。我也不只做過那一次，不管是對家人、朋友，或隊友。如我所說，我們喜歡待人大方。

我知道公牛隊的情況變了，但我還是必須上場打球。我在二〇一四年球季尾聲又動了一次手術，但有回來打季後賽。淘汰了密爾瓦基公鹿隊，雖然我害球隊輸了一場：我犯下失誤之後，又沒守好傑瑞德・貝勒斯（Jerryd Bayless），讓他得分。拿下那個系列賽之後，又要再次面對勒布朗。在第三戰投進致勝絕殺之後，我以為我們能晉級。我那球應該不是故意要打板的。勒布朗隨後在第四戰投進致勝球，於是我們又闖不過他這關了。然而，勒布朗那球根本不該有影響。我們早該拿下那場比賽，但裁判沒在看，或者他們明明看到但卻裝傻，誰知道呢？那真的對我們很傷。又一次敗在勒布朗手下。但這次的狀況讓我不得不心生懷疑。

第三戰的絕殺很酷，投進之後我做了一些反應，讓對手知道我們還沒放棄。能理解吧，畢竟我們跟他們纏鬥了那麼多年。就算我們在例行賽的紀錄比較好，還是每一次都在季後賽被他們攔下。你來我往，就算勒布朗到了邁阿密都一樣。那記絕殺的訊息就只是：「老兄，我們還在這裡奮戰。別以為你們可以輕鬆過關。」一面對這樣的球員，面對這樣的球隊，你必須奮勇不退，展現韌性。至於第四戰發生的事，拜託一下好不好！他們的教練大衛．布拉特（David Blatt）在沒有暫停的狀況下喊了一次暫停耶。那應該是一次技術犯規，然後比賽就結束了。這樣一來，我們就會在系列賽以三比一領先。

媽的，不用說，我當然看到了。我們當下就知道了。希伯杜教練總會跟球員說我們還剩幾次暫停，對方還剩幾次暫停，會不會選擇犯規等等，讓我們清楚當下的情況。希伯杜永遠是準備最周全的人。那傢伙直接站到球場上請求暫停。就在裁判眼前。每個人都看到了。

至於勒布朗投進的那記絕殺，只能說禍不單行。「靠！他媽的真的進了！」我想要像個孩子一樣大鬧特鬧，就像輸掉少棒聯盟的比賽那樣。被裁判陰了——想要這樣大叫。但我們看待比賽的態度一向是：這是職業聯盟，後面還有更多比賽要打。然而，勒布朗那球根本不該決定比賽勝負，因為布拉特整個人站在場上大喊說要暫停。

我們全都看在眼裡。

＊＊＊＊＊

我們都有意識到希伯杜跟公牛隊管理階層之間的嫌隙。只是我們覺得彼此之間的關係夠親近，只要持續贏球就能解決。就跟聯盟裡的所有事一樣，勝利能夠掩蓋全部問題。關於他跟管理階層之間的事，希伯杜不曾跟我們提過半句。他永遠不會讓我們知道自己經歷的困境。

然而，他們在那一季撤換了總教練。突然之間，我待在公牛隊的日子似乎也接近尾聲。非我所願，也沒有誰說了什麼，但事情就是發生了。季前第一次練球，泰・吉布森一拐子打在我臉上，一連幾個月我眼裡的影像都是重疊的。難道你不覺得這是一個徵兆嗎？

回來練球，我必須用單眼投籃。沒騙你，真的只用一隻眼睛看。我提早回到訓練營，因為不想失去先前鍛鍊出來的狀態。我試著挺過這個逆境。儘管帶著傷，我自認那一季打得還不錯。但是真的很艱難，上場還要努力讓眼睛對焦，試著抓到自己跟籃框的距離。我開始投打板球，不得不做不同的嘗試。

但批評我的聲量反而愈來愈高。我覺得自己有進步。明星賽後膝蓋再度受傷之前，四十三場比賽裡，我好像打了四十場，而且還傷癒復出打了季後賽前的四、五場比賽。接著，在弗雷德·霍伊博格執掌兵符的第一季，我打了六十六場比賽。我證明自己可以連續出賽，讓大家知道我仍能站在場上，但氛圍已經變了，很多事情正在發生。

泰·吉布森在訓練營給我的那記拐子也打落了九顆牙齒，從此我就一直頭疼，類似偏頭痛。我必須進行眼部治療，進入診間讀某些字母與形狀，幫助自己找回視線。這種治療持續了好幾個月。

從某些角度看，這種傷是最糟糕的，因為我不能讓血壓升高。性愛被禁止，因為一旦血壓升高，眼睛就毀了。醫生說我不能亢奮。連看電影都不行。基本上他們就是要求我一個人待著什麼都不幹，因為只要血液集中到眼部，就可能造成永久性的傷害。這情況持續了三週到一個月之久。

沒什麼，只是分享一下我的故事。我不認為人們了解我，而我覺得說出來之後，大家能懂，可以從我的故事裡找到能引起共鳴的東西。你知道的，有時候縱然金玉其外，內在其實滿是掙扎。

我待在公牛的最後一季，喬金大概打到一半就受傷，整季報銷，吉米跟弗雷德教練槓上，然後吉米跟喬金也互相看不順眼。我們開始輸球，逐漸分崩離析。吉米想打控球後衛。球隊需要新方向，等等一大堆有的沒的說辭，其實我都沒差。證明自己能夠連續出賽，對我來說才是重要的。但那段時間真的出了很多怪事。我不知道吉米想表達什麼，但他不跟我們一起換衣服。那一整個球季，他都跟教練們一起換裝，不進球員更衣室。不得不說，我沒見過這種事。把自己孤立於球隊之外，隊上有這種事，你他媽覺得我們要怎麼繼續當一支球隊？想當然爾，最後還是怪我。但喬金看到了，所以他跟吉米槓上。球隊裡處處都是裂痕。

看起來我們打不進季後賽，於是在賽季尾聲開了一次球隊會議——以前公牛隊從來不需要這種東西。都是吉米跟喬金在講話。我從來不在會議上講話，因為內容終究會外流。喬金已經沒在打球，所以他根本不清楚發生了什麼。我坐在那裡，假裝自己也不清楚發生了什麼，就是默默聽著，但我其實對一切心知肚明。

喬金叫我發言，說我是球隊的領袖之一。事實是，錯不在我。「首先，喬金，你不在場上，所以不該開口，就這樣。」但我讓他講，因為我想避免爭執。我只想聽完所有人的發言，之後再找ＢＪ詳談，討論出一套計畫。接著，吉米對教練團發飆。教練團的人倒是什麼都沒說。最後變成吉米跟喬金在吵。那一季的情況實在亂得誇張。

球季結束，雖然我不確定自己是不是已經出局，但看來似乎不遠了。看到那一季球隊的亂象以及媒體的報導，你們可能覺得我很生氣，已經準備好離開。但我其實還沒準備好。聽到被交易，我的情緒非常激動。我崩潰了。離開芝加哥，我心裡的某個部分好像死了。我曾經想過，但就算出了那麼多亂子，我還是不相信自己真的會被球隊交易掉。實在難以接受。

整體而言，公牛隊給了我一段很棒的時光。甚至讓我有機會進到白宮裡打球。可以想像這種事情嗎？帶著好兄弟喬金一起去，所以我覺得更加自在。我們就坐在那裡跟歐巴馬總統閒聊，感受整個氣氛。我拍了合照，可以留給我的孩子們看。跟歐巴馬總統談論芝加哥，談論公牛隊。他甚至知曉關於球隊的某些小事。見到他本人之前，我不知道他是公牛隊的死忠粉絲。但聽他談論的內容，我知道他是真的懂公牛隊。

接著，歐巴馬總統邀請我去海軍碼頭（Navy Pier）參加一場募款活動。我以為自己只是去那裡聽他在台上侃侃而談。結果ＢＪ把我拉到一旁，說他們可能要我上台說幾句話。我說：「什麼意思？大哥，我沒準備啊！怎麼不在我來之前先通知呢？」那天站上台真的超級緊張，相較之下，在兩萬人面前打球根本不算什麼。那是一生只有一次的經驗。我上了台，說了一段話。ＢＪ跟我最好的朋友朗多站在我身後挺我，以免我緊張到連話都說不出來。

然而，愈接近球季尾聲，情況愈顯怪異。只剩最後兩場，而我們已經確定無緣季後賽，公牛隊卻說我必須上場。我已經拚戰一整季，現在不想冒險，而且說真的，我身體的感覺也不是那麼對勁。所以我跟公牛隊說要開會討論。

瑞吉陪我去跟公牛隊討論最後那兩場比賽。我們進去辦公室，他們讓我好好吐露想法。我有很多話要說，那次會議成了一場情緒的宣洩。

只不過是季末的兩場比賽。我為了重返球場付出那麼多努力，甚至帶著破裂的臉打球，這些你們都看見了。我何必為了兩場比賽謊稱受傷？有什麼問題嗎？於是我們走進辦公室。我說：「我已經受過太多傷。這只是兩場比賽。而且拿下這兩場比賽也不能讓我們打進季後賽。」你知道輸多勝少的球隊是怎樣。我覺得身體夠健康，但感覺不是非常棒，真的值得為了兩場球冒受傷的風險嗎？他們的回應是：「就當作為球迷而打吧。」為球迷而打？去你的。我哥馬上嗆回去：「球迷？你們什麼意思？這兩場比賽根本沒意義。」

妙的是，吉米在那兩場比賽打什麼位置？想當然爾，控球後衛。我也是笑笑的。不，我不會不高興。但我不笨，我知道這代表什麼。

事態就是這樣。對當時的我而言如此，對後來在灰狼隊的吉米而言亦然。我在轉隊到明尼蘇達之後的夏季見證了，他拒絕灰狼隊提出的一億一千萬。二十九歲？還帶著膝傷？他們一定會設法反擊，讓你看起來好像只在乎錢。這我再清楚不過了。而他們果然這樣對待吉米，把他塑造成壞人。受任何傷，他們就會藉此打擊你。「我們要先確定花這個錢值不值得。」

我可以料想這種狀況。那時公牛隊的說法是：「我們必須改變球隊的方向。」

當時的我還無法完全明白。跟球隊開會之後幾週，ＢＪ跟我說：「兄弟，我一直聽到傳聞說你會去紐約。」接著無聲無息一陣子。突然一通電話打來，我被交易了。

時候到了，但還是很難接受，好像腳下的地板忽然被抽走。得到消息的當下，我正在拍攝紀錄片。強烈的情緒襲來，我崩潰痛哭。真的，沒開玩笑。我知道這事情會發生，但畢竟是芝加哥，是我的家鄉，是造就我的地方。事情就發生在我拍片的當下。真的很難過，就像十字韌帶受傷之後待在醫院的時候一樣。好像末日又來了，又一個大轉折，縱使我知道自己未來仍能繼續上場打球。

關於最後兩場比賽的那次會議之後，我跟球隊之間真的沒有嫌隙。「全都只是溝通不良，你只需要把自己的心聲告訴我們就好。」最後大家是笑著散會。我並沒有衝著他們吼，或是口出任何惡言。我只是像個成熟的男人一樣好好跟他們談。當時的我只是一個捍衛自己權力的年輕人，我為那次的處理方法感到自豪。「你們看我沉默寡言，可能都以為我笨，但我很清楚發生了什麼事。」

也許他們嚇到了。出這本書也一樣，我知道人們對於我說那麼多會感到詫異。就算我只是開口唸幾個英文字母，人們也會驚呼：「哇，羅斯會講話耶！」我應該拍攝自己唸英文字母的影片，觀眾看了也會鼓掌叫好。但這並不讓我困擾。好玩的地方就在這裡，人們並不真的認識我，所以無論我說什麼都會讓大家瞠目結舌。

我把自己看見的都告訴他們。我通常不多說話，但我會觀察。那時我還年輕。我哥有機會看到我在一個商業性的場合裡用專業的方式處理問題。我覺得自己處理得還不錯，說了該說的話，捍衛自身的權益。然後，我跟球隊之間就好好的了。

我知道某些人是怎麼想的。很多籃球員都遇過這種狀況。當我跟人長談，他們訝異我竟然會說話。有時候我也嚇到，心想：「天啊，你還真以為我是啞巴哦。」但這也讓我的工作成為世界上最棒的工作。因為我不用裝，不用走進辦公室教訓某人，假裝自己喜歡或是不喜歡某人。好在，我可以做自己，而且對於做自己這件事感到自在。能用這種方式功成名就，我夠幸運。這是一種福氣。

我必須尊重公牛隊把我交易到紐約的決定，畢竟他們也可以隨便把我送到一個偏遠的地方。超大的市場，超大的城市，超棒的球迷，坐飛機一下就回到芝加哥。當然，我還是比較想要留在芝加哥，但說真的，我很高興公牛隊依然如此照顧我。我要為此致上敬意。他們大可以跟騎士隊一樣，把我丟到猶他。我之所以到現在還很喜歡回去跟那些人練投，這也是原因之一。對於他們把我送往另一個大型市場，一個我認為可以贏球的地方，真的不得不表示尊重。只可惜我終究沒能為家鄉奪得一冠。我跟芝加哥之間沒有恩怨，只有愛。

還有，我總說傑瑞・萊因斯多夫教了我很多，讓我看見不同的東西，示範身為一個有錢人怎麼為人處世，怎麼用正確的態度對待別人。他到現在還是自己開一台凱迪拉克去上班。我欣賞這種作風。

11. 沉默是金

聽好，是我自己選擇了這一行，所以我並沒有太多埋怨。我從來沒有發推特或是其他什麼，說我痛恨媒體。沒有過這種事。某個人問我某個問題，我就給出誠實的答案。我的作風向來如此。但情況突然變成：「哦，天啊，我不敢相信羅斯竟然說出這種話！」我曾受媒體瘋狂追逐，從沒想過有一天會變這樣。

我不知道有誰跟我經歷過一樣的媒體風波。我的意思不是說其他人沒有在處理媒體時吃到苦頭，但有像我一樣在自己家鄉還搞成那樣嗎？告訴我誰遇過這種事。而我到底犯了什麼滔天大罪？我沒有打人或害人或偷竊。也許我說了你不愛聽的話，或者你覺得聽起來不對的話，但我就只是直話直說而已。

我一向不擅長玩這種遊戲——你知道的，媒體遊戲。我不會講假話。如果我不喜歡你，我不會跟你說話，我就是會讓你察覺。我不會在你面前笑著說些虛情假意的話。成長的過程中我看過太多，我試著不要成為一個虛偽的人。

問題是我已經處在一個每個人都很虛偽的行業裡。所以我應該隨波逐流還是繼續做自己？我試著表達自己的感覺，也許說出口的方式不順你意。但人們會理解。我是壞人嗎？我也不是第一個，很多人都遇過類似的事。我看到勒布朗轉隊去邁阿密之後發生了什麼，杜蘭特轉隊去勇士也掀起一場風暴。只是芝加哥的狀況特別妙。前一刻我還是城市的最愛，終於功成名就的在地孩子，下一刻我就成了大反派？拋棄城市離開？到底為何？

顯然，這跟我的傷勢有很大關係。但是，拜託一下，我才是受傷的人耶，是我的生涯耶。待在醫院擔心一切都結束了的人是我耶。所以麻煩你們想想。我當時才幾歲？二十四？他們竟然以為是我自己不想打球。我試圖重返球場，但就真的沒辦法。現在你們才知道復原需要多久，但當時根本沒人想聽。

有幾次，我說出自己心裡想的。也許並不是他們想聽的，但我就是直話直說，沒有矯情修飾。怎樣？不能接受？我只是說出每個人都在說的話。

其中一次是我在波特蘭再次受傷，整季報銷之後傷癒歸隊，於是我對媒體說——我還特別去查自己說了什麼——「我覺得我管理身體的方式還不錯。我知道很多人看我坐在場邊會不爽。但我想那些人不懂的是，我選擇不出賽，不只是為了這一個球季。我想的是長遠的事。我想到的是退休之後的事，我有會議要開，我有孩子們的畢業典禮要參加。我不想在會議上或是兒子的畢業典禮上渾身痠痛，就因為以前負傷打球。我只是學聰明了。」

這件事之後，隔年的整個夏季大家都在討論薪資上限將會帶來什麼影響，然後你看到某些球員簽下瘋狂的合約。而我只是要讓媒體知道我的想法，有點像：「嘿，跟你們說一聲哦。」你知道的，沒有一句假話。我說：「整個夏季，我的目光只放在特定的事物上。」我的心態就是，確保自己每一天都有進行訓練，然後盡可能花最多時間跟兒子相處，就專注在這兩件事情上。看到聯盟裡那麼大量的金錢流動，我要確保家人往後的經濟狀況穩定無虞。

我只是實話實說，知道自己的球員生涯有限。我賺的錢都是要給我的孩子，所以我思考的都是他們的未來。扯到那麼大筆錢，唯一能做的就是事先準備。不只自己要準備好，我也試著讓家人準備好。只是把我們心裡想的講出來。就算我們目前衣食無缺，財務狀況不錯，談到那麼大筆錢，每個人都會訝異，所以就算過度準備也沒什麼錯。

我展現對自己的愛或是對自己的照顧，批評我的人就會開始不爽。每次都是這樣。處在我這個位置，應該要當球賽的奴隸嗎？當系統的奴隸嗎？球員最不該關心的就是自己的健康跟身體嗎？事實上，這理當是優先考量。我要表達的只是這樣，每個人也都是這麼說的。

我現在懂得解釋，但年輕的時候，我總是立刻說出當下的感受。但我的實際作為呢？我一次又一次重返球場，重新站起來。我沒有躲避媒體，請保鑣把大家都擋開，讓你們看不見我，遑論跟我說話。我在乎身體，關心家人，確保自己能為家庭保持健康，能有健康的身體陪伴兒子成長。這樣的發言到底哪裡不對？還有，我發誓最近聽到俠客歐尼爾在談到他兒子時，說他在球員生涯也有過同樣的感覺。但他們以前卻在特納電視網上對我的發言大加撻伐。還有巴克利，你們也知道他做過哪些事——還曾經被捕——好像他懂什麼才叫正確似的？媒體跟俠客談到他兒子上大學，他說：

「哦，我想要去看他打比賽。」這跟我所說的，本質上不是一樣嗎？

科懷・雷納德在馬刺的最後一季，也有類似的狀況。你會覺得：「現在是怎樣？」他的處境跟我不同的地方在於，聯盟仍然可以靠他賺錢。所以他比較安全。他們對我的感覺是：「這傢伙沒局了。我們不需要他了，把他的評價弄低吧。」懂我意思嗎？有些媒體對雷納德開火，但聯盟本身知道未來仍能靠他賺錢，所以不會把他的名聲弄臭。對上我，情況就變成：「他已經受過大傷。把重點放其他球員身上吧。」

人們以為我魯莽、不羈、很跩。但事實並非如此。一切都是為了我的兒子，而我想表達的就只是這樣。他是我在球場上奮戰的主要原因。我從小沒有父親，只有母親可以依靠。我想要當兒子的榜樣，當那個我不曾擁有過的爸爸。他將隨心所欲過生活，然後有一天他會突然明白：「天啊，爸爸是對的。」總有一天，他會懂的。

＊＊＊＊＊

知道嗎，事實是我根本不想成名。但如同ＢＪ曾跟我說的，我是一個自相衝突的人。場下個性沉默寡言，場上打法華麗吸睛。我的球風狂猛，引人驚呼連連，但我其實不喜歡受到關注。然而，當你用這樣的風格打球，人們就以為你私底下也是這樣的人，就會想要讓你擔當這樣的角色。而我偏偏不是這樣。我從來不想要利用名氣。人們希望我這樣，但我試著做自己，於是不順他們的意。「不行，你必須當那種人！」當我說了一些什麼，大家的反應就是：「不，我們不喜歡你這樣。」

那年球季之初，當我公開談論自由球員身份，我心中考量的是錢。就跟每個人一樣。所謂的錢指的是轉播權利金。那年夏季，洛杉磯的每個球員都在討論這筆鉅款。經紀人也在跟我們討論這件事。有很多球員待在洛杉磯，所以我成天聽到相關消息。於是，有人問我情況，我就直說。但是在此同時，他們也在計算我的荷包裡有多少錢。嘿，都是大人了，你管別人口袋裡有多少錢幹嘛？搞什麼啊。BJ告訴我他的想法：「嘿，那筆轉播權利金要進來了，那將會改變一切。」所以我們不能公開談這筆錢？

我得到內幕消息，知道它代表的意義，這又不能怪我。我只是跟你們實話實說。我只是在解釋，這並不代表我不在乎自己的隊友。拜託一下，我一直都是讓隊友更有機會從聯盟賺錢的人。沒錯，我努力訓練，因為我看見眼前的機會。我在二〇一五年度過一個美好的夏季。我很有機會賺到接下來的那筆錢。

沒錯，我就是要談錢。為什麼不呢？誰不是為錢打球？我一直表明自己想待在公牛隊，而不是以自由球員的身分遊走各隊，這是每一個球員的權利。我的目標是功成名就，好讓仰慕我的小孩們心想：「哇賽，進聯盟打籃球真的是一個出路。」我不是真的貪財。我愛錢是因為那可以讓我把家人照顧好，還有為人們及孩童做一些事。所以，為什麼大家會說我已經賺得夠多了？怎麼不說那些做生意的、搞電子的，或是在蘋果工作的人呢？所以我才說：「你們幹嘛管我口袋裡有多少錢？」明年會有兩百四十億美金流進這個聯盟，你們想要我對此裝聾作啞嗎？

我知道我們不該公開談錢，而且錢也不是驅策我們在場上奮戰的唯一原因，但球員就是會講錢。我不是沒跟討生活的人相處過。你的職場上有哪個人不談錢？不是整天都在討論誰誰誰賺了多少嗎？那些大企業的總裁賺的錢呢？有聽到人家說他們不該賺那麼多錢嗎？那為什麼籃球員就不該賺那麼多？我知道這數字很誇張，但說到底我們也是受雇於人。比起球隊老闆，人們應該跟球員更親近才對。

我看過很多紀錄片，從前的鐵路與煉油公司，老闆壓榨剝削員工之後，會刻意給部份員工多一點工資，好讓底下的員工憎恨那些員工，老闆自己就可以在最頂端高枕無憂。同樣的道理。就像奧斯卡・羅伯森（Oscar Robertson）那群人在七〇年代為球員們做的，奮力爭取成為自由球員的權利。若不挺身而出，為自己發聲，老闆們就會把所有好處都留在自己手上。我知道ＮＢＡ球員不像一般的工會勞工，但我們也是受雇於人，我們也會計較錢財。這並不代表我們不在乎或是不努力工作或是不全力拚戰。事實正好相反。

在我贏得最有價值球員以及勞資糾紛封館之後，我從公牛隊那裡拿到第一份大約，我當時還不知道那紙合約有多大。但我可以告訴你，一直以來讓我引以為傲的是，那份合約在聯盟裡衍生出一個以我為名的條款：羅斯條款（the Derrick Rose Rule）。這要歸功於我的經紀人ＢＪ跟阿恩・泰倫。他們總是待我如家人。你們知道我跟ＢＪ有多熟，而阿恩至今跟我仍像一家人。要觸發羅斯條款有幾個條件，只要該名球員的表現全都符合，就能以團隊薪資上限的百分之三十作為起薪。靠著最有價值球員獎項，我是當時全聯盟唯一有資格的人。往後也出現其他符合條件的球員。但重點不只是錢而已，這代表只要球員夠努力，就能拿走薪資上限的某部分，就能分到NBA這門生意的某些利潤。這是正確的。

這就是奧斯卡・羅伯森那些人努力追求的。每個人都說他們愛錢愛瘋了，但他們是為了掌握自己的職涯而奮戰，為了未來球員的權益而奮戰。我們何其有幸，那麼久以前就有球員了解這種事情的意義。羅斯條款？也許等我退休才會有更深的體會，但聯盟竟有條款以我為名，確實算得上一份榮耀，感覺非常神奇。

光是我的新人合約就很厲害了。數目大到讓當時的我無法理解。等到跟阿迪達斯簽下那份合約之後，我真的開始緊張了。我跟朋友們待在一間房裡討論，他們說我賺到那筆錢之後，一切都會改變。他們說我從此沒辦法像往常那樣走在街上，不能做這個，不能做那個。我們笑著談，但我真的怕。

你們知道後來的發展。當時，我的名字就等於頭條：最有價值球員，一次又一次受傷，「他沒戲唱了嗎？」任何扯到我名字的事情都是熱門話題，任何我說出口的話語都被熱烈談論，尤其當我開誠佈公。媒體喜歡我直話直說，感覺他們的態度就是：「太好了，又逮到這句。」但我能怎樣？麥可・喬丹可以找阿馬・拉夏德（Ahamd

Rashad）做個特別訪談，然後就能把所有誤會解釋清楚。柯比可以去找史蒂芬・A・史密斯（Stephen A. Smith）。勒布朗可以找《運動畫刊》（Sports Illustrated）的記者們暢所欲言。能幫助我的媒體人在哪？

身處這個市場，只要我開口說話——不管是什麼——似乎必定會被扭曲。我不知道為什麼。這裡明明就是我的家鄉。我只是跟你們實話實說。我現在聽到有球員說：「我想要老了以後兩隻腳還能走路。」但是當我這樣講，情況就變成：「你都只想著自己，不在乎球隊。嘿，你沒有全心投入。」而我明明那麼努力，一次又一次又一次經歷復健的過程。但他們總是自編自導，曲解本意，那我講話還有什麼好修飾的？所以，我有時候索性直接說真話。

我也變得愈來愈安靜，只願意跟好朋友多聊。我承認。朋友們跟說我：「他們想要拐騙你。」有幾次，你們聽到我在某些議題上表示立場，或是公開發表言論，我的態度都是：「我不會讓任何人控制我。我想說什麼就說什麼。我只是講實話，沒有要傷害誰。你們都說自己想要這種誠實，但實際上根本不想。你們只想聽到自己想聽的話。」我在打一場不公平的戰爭。我不知道該信任誰，我只想好好打球。我知道，這不過就只是媒體裡某些人在作怪，但我討厭蒙受汙名，因為那會影響到我的家人。球員們懂。我很感謝二〇一八年七月賈貝瑞．帕克加入公牛時在記者會上說的那席話。他說我是芝加哥出身的偉大球員之一，說他珍視我所成就的一切。這樣的讚許對我來說意義重大。我跟媒體的關係與我跟許多球員的關係不一樣。聽到他那樣說，又聽到別的球員對此做出評論，讓我感覺很好。

我當時的心態不同，一再受傷之後，我更覺得自己不能退縮。你知道我是怎樣在芝加哥長大的。我覺得自己受到攻擊，所以不打算向敵人俯首稱臣。我決定不給出精心思量過的答案。我變了。我決定：「我要擺出一副根本不想待在這裡的樣子，因為你們他媽的每天都刻意騷擾我。」我很生氣。

到了紐約，我才認真思考，自己本應是風城的天之驕子。回顧過去，能到一個新的環境跟新的人相處，其實是幸運的。被交易到紐約，我能接受。紐約的媒體也會發問——沒錯，有時候會有很瘋狂的問題——但除此之外，不會像在芝加哥那樣每天都要搞事，拼命要調查你，硬要挑出根本不存在的東西來報導。

是錢的問題嗎？「你拿兩千萬美元，為什麼不上場打球？」沒有人覺得自己能控制我，而我想這令他們感到困擾。所以，我決定不給他們任何特別的專訪，也不透露關於球隊情況的蛛絲馬跡。

只不過是在媒體圈工作的男人跟女人每天寫關於我的報導。他們也是人，其中某些人也會有嫉妒之心，於是透過在電腦上打的字句來傳達自己的嫉妒。在訪談中問我一些狗屁問題，一聽就知道要刻意引起風波。有的人甚至非常明目張膽。從來沒有人為我仗義執言，例如說當記者問我某個問題，願意跳出來說：「該死，我不敢相信那傢伙竟然問你這個。」大家什麼都沒說，只是靜靜等著。「哦，羅斯會怎麼回答？」為了製造所謂的點擊誘餌吧，我猜。

我知道這是怎麼回事。我在Instagram或推特等等的社群媒體上從不活躍。我有時會瀏覽朋友們的帳號看看他們的近況，但也就僅此而已。上面一堆酸民噴垃圾話，誰鳥他們？但到了一定程度，我會覺得應該要捍衛自己。

如果說我真的生氣，我氣的是沒人挺我。我有一種孤軍奮戰的感覺。我是球團的一份子，我是組織的一份子。你們從我身上賺錢，而我每天受媒體騷擾，你們不用出來說些什麼嗎？貼出一張公告：「記者不能這樣對待他。請你們停止。」這樣都不行嗎？我的感覺就是這樣。也許球團有不能這樣做的苦衷，但我覺得我就是一個人在對抗這一切。總覺得要是聯盟裡的某個球員受到攻擊，聯盟應該會為他發聲。但倘若我這樣說，媒體又要大做文章了。

然而情況愈來愈誇張。在芝加哥的最後一年，球季剛開始我的臉就被打爆，眼睛下面腫一大包。連這也要怪我，拜託一下好不好？只剩一隻眼睛，他們還要罵？回想起來都覺得好笑。認真的嗎？

這讓我思考：倘若我在那裡有過某些偉大的成就，情況還會一樣嗎？會是怎樣？正因如此，我了解到自己才是應該冷靜的人。「好了啦，別把自己逼瘋。這些人根本搞不清楚狀況。他們不知道你真正經歷過什麼。」

過了一陣子，我選擇把耳朵關起來。家人們也知道不要把可能會耗我心神的新聞告訴我。不要跟我談起到哪一篇報導。倘若我無意間讀到，就讓我自己處理。

我們都知道，媒體是球星生活的一環。媒體帶來人們的關注，聯盟藉此獲利，我們才有錢賺。這些我都懂，但我只求一個基本的公平。

後來我的心態漸漸演變成：「我何苦敞開胸懷跟他們說話？媒體只用自己喜歡的

方式轉達，我講的話終究會被扭曲，那我還講個屁？」但同時我也不喜歡這種心態對我產生的影響，不喜歡自己變成那樣的人。那不是我。但這些狗屁倒灶的事情會改變一個人。我後來知道，別讓自己被改變。我仍然必須當家人的模範，為自己的兒子與世界上的其他孩子以身作則。要當更好的人，要學會以德報怨。我懂了。不在意了。

我想到那些跟我討完簽名卻又在背後酸言酸語的人。我想到俠客跟巴克利，他們先是在特納電視網上說我沒戲唱了，但又在我表現好的時候擺出一直以來都力挺我的樣子。我想到我當時的處理方式，全都吞下肚，把真實的自己隱藏起來。我從來不想成為那樣的人。這就是我想傳達給大家的訊息，只是這樣而已。成為自己應該成為的人。這是一份教訓。不要走我的舊路。大家會看到我的不完美，但也會看到我正在努力改進。這就是我想要成為的自己。

我對當時的反應方式感到懊悔。是我不對。我讓自己陷在裡面。我在芝加哥展現的態度，我處理整個情況的方法，都應該更加寬宏大量。當時我太年輕了。我現在懂得走更高尚的路。別被他們拖到泥淖裡。當然，我可以留很多錢給兒子，但這些教誨也很重要。當時的我必須學習。芝加哥會一直在我的身體裡，一直是我的一部分。那裡是我的家。

很難熬。不得不承認，我真的受傷了。但有時候就是要經歷苦痛，才能抵達想去的地方。那些事情改變了我，讓我待人處事不再具有攻擊性。我沒在聽法蘭克·辛納崔（Frank Sinatra）的音樂，但我讀到他說的一句話：成功就是最好的報復。我決定這就是我要做的事。我要以那份憤怒為動力來證明大家錯了，但我一句話都不會說。你可以歡呼賀彩，也可以冷言冷語。至於我呢？我會秀給你看。

12. 責任

我真的認為我們能在紐約打造一支特別的球隊。我們有卡梅羅・安東尼以及克里斯塔普斯・波爾辛吉斯（Kristaps Porzigis），又簽來喬金，板凳深度夠，菲爾・傑克森（Phil Jackson）在上頭掌控大局，傑夫・霍納賽克（Jeff Hornacek）也是一個好教練。而且，喬金是紐約人，那裡是他的家鄉，我們在芝加哥並肩作戰多年。有這樣一個朋友在隊上，我不用擔心自己無法融入，或是必須試著給誰下馬威。

菲爾一直是很棒的人。我們不常說話，但只要說起話，我都能感覺到他知道我懂籃球。跟他講話時，他說的都是關於籃球的一些小事，例如要我把球餵到低位。他問我要怎麼傳，我回答：「用高拋，不要彈地。我不想讓隊上的高大球員彎腰拿球。」於是他知道我理解球賽。他跟我講話的態度，就好像我是教練一樣。

球季之初就要作客芝加哥，我跟喬金回娘家面對一支強隊，苦戰之後獲勝。但說真的，每場比賽對我來說都是大賽。每場比賽都給我這樣的感覺，因為我覺得那將是意義重大的一季，因為我離開家鄉，來到紐約麥迪遜廣場花園，這裡每個人都熱愛打球，有超棒的球迷，還有超大型的媒體。還沒到紐約，我就對這支球隊抱有非常高的期望。我真心想要在每一場比賽都繳出好表現。既然身處紐約這個最大的市場，何不嘗試激起一點火花，追求更好的機會呢？

我以為一切就緒，我們準備好迎接成果豐碩的一年。結果卻恰恰相反。對我來說真的很傷。但我確實喜歡自己在那一季的表現。我打了六十四場比賽。前一年在芝加哥也打了六十六場，而且季末的兩場還主動選擇不打。所以，我又有能力連續出賽了，這就是我想要的。許多人不這麼想，仍把我看作一名傷兵。但我已經可以正常出賽。連續兩季出賽超過六十場，其中一季還轉隊到新的環境，我覺得自己終於可以把受傷的陰影拋在腦後了。

然而，由於官司纏身，我在那一季起步較晚。我被控性侵，而洛杉磯的陪審團認為我無罪。

我不知道應該說些什麼，因為還有上訴正在進行。我知道二〇一八年十一月在加州上訴法院有過一段口頭爭執。據報導，法官跟原告的律師說：「我看資料，被告的辯護很有力，而最後陪審團也相信了。審判進行了九天，陪審團花了多久就做出裁決，十五分鐘嗎？你們每一條論點都輸，陪審團就是不相信你們的陳述。沒有什麼訴訟是完美的，但你們提出了關於案發當晚的證據，評審團也都聽了。」

別忘了，我親自出庭。我知道那是民事審判，但我比陪審團還早到。我挺身捍衛自己。我想，也可以說，經歷那件事其實有好處，幫助我把能量放在真正重要的東西上，生活中的優先事項。那件事改變了我的人生，以及我待人處世的方式。

我不想要任何類似的事情再次發生，不想要再有人那樣汙衊我。我不想要自己的名字跟這種事情扯在一起。我不多話，但這個事件讓我開了眼界，知道世上竟有這種事，而且可能會發生在自己身上。

那個女人不說真話。聽好，我是母親與外婆帶大的。問問任何一個跟我在一起過的女人，問問任何一個我遇過的女人，她們都會告訴你，我絕不是一個有攻擊性的人。因為母親與外婆，我懂得對女性尊重。她們養育我的方式，還有她們的人格，讓我無論如何也不可能侵犯女性，伸出鹹豬手，或是佔女人便宜。這從來不是我對待女性的方式。

所以，我萬萬沒想到會發生這種事。我從中得到教訓。我的母親仍必須承受。她知道那些指控都不是真的，但她沒有埋怨，只是叫我專注於自己應該專注的地方。

我還有個兒子需要考量。要是沒有小孩，也許我根本不會在乎。但既然有兒子，我不想要他長大以後偶然讀到這則新聞。而且如果什麼都不說或是選擇和解，就好像承認自己做錯事，承認自己對一個女人施暴，但我根本沒有。

人們都勸我庭外和解，有些贊助商也中止跟我的合作。沒有關係，有些人就是會在危難時選擇遠離，他們有權利這麼做。我不怪他們，就算告我的女人沒有提出任何證據——什麼都沒有。她捏造了整個故事。把情況搞得對其他女性也不利，因為這種事情不能拿來開玩笑。

但她說的根本不是我。我不是那種人，從來不是。而我不該付錢請某人不要再捏造關於我的謊言。這樣沒錯吧？所以我才親自上法庭。媒體會因此產出很多不好的文章，但我沒有什麼要隱藏的。若有公理正義，我知道自己最後會沒事。我也知道，這樣做等於拿合約冒險。但我必須顧及我的尊嚴，還有磊落的人格。我是母親、外婆以及哥哥們帶大的。我的清白也跟他們有關。

首先，我必須承認自己不夠認真準備。我對訴訟程序一無所知。我以為只要到場，法官跟陪審團就能輕易判別是非。只要花一天出庭就能搞定。我沒看過《四十八小時》、《CSI犯罪現場》、《法網遊龍》，或是任何相關的節目。我是這方面的初學者。關於誹謗以及他們談論的一切，我什麼都不懂。我就只是憑著沒有犯罪這個事實捍衛自己。

起初，當他們跟我說起這件事，我心想：「好啊，應該很快就結束了吧。」我沒想到會弄得沸沸揚揚。事情發生了，就是必須處理。我以為只會花個兩天，結果卻拖了兩個禮拜。

但我確實開了眼界。我想知道自己必須在法庭上做些什麼。不，我不會屈服，我要捍衛自己、家人，以及兒子。

他們說支付某個數目就能庭外和解，我說：「不要，我什麼都沒做。」首先，我根本沒打算付一毛錢，因為我根本沒做她說的事情。其次，我覺得：「如果我答應和解，她之後一定會獅子大開口。」這也是我的考量。最後，我跟ＢＪ說我要打官司。

他跟我說：「官司會帶來很多報導哦。」他們試圖勸退。

說真的，重點是我的人格。這也關乎母親與外婆對我的教養。被外婆帶大的我們知道怎麼對待女性。母親很受傷。她第一時間就知道這個控訴是假的。拜託一下好嗎？我才是會縱容對方的那種人。我才是那種願意讓犯罪的對方付錢和解的人。可是每個人都有底線。一大堆罪名，一大堆控訴。但為了洗刷汙名，都是值得的。

準備的過程很辛苦，跟律師團待在一間房裡，他們一題一題質問我，好像他們是受雇於她，而不是我。沒有不敬之意，但我們的律師每天都在法庭上痛電對方的律師。媒體報導的方式有時卻會讓人們誤以為對方有機會打贏這場官司。要是你每天都待在那間法庭，絕不會有那種想法。

有發言機會的時候，我就告訴陪審團。我沒有什麼要隱瞞的。站在你們眼前的是一個從來不賣毒品，沒碰觸過什麼非法玩意的孩子。我自願站在那個位置，所以我要捍衛自己。陪審團成員認為這是女方騙取和解金的把戲。我很高興他們能夠這樣看，因為這就是我打從一開始就想要傳達的。

這官司讓瘋狂的球季更添風波。為了出庭，我被迫錯過幾場熱身賽。我當下不得不專心處理這場訴訟。我得專注於自身：我的形象以及人格。紐約是一個充滿誘惑的城市，但那些娛樂都跟我無關。我扯上的是非常嚴重的事件，不能等閒視之。

* * * * *

至於籃球，聽菲爾講話的方式，加上有喬金跟卡梅羅在陣中，我真的覺得我們能打出名堂。

然而，一旦上了場，我馬上就知道我們很廢。

我挺過整季，打了六十幾場球，但我很快就知道這不會是我期待的那種球季。球隊有太多不同的考量。有卡梅羅在，你們也知道他的球風。那是沒辦法改變的。那就是我在尼克隊體認到的。卡梅羅是個好人，我很喜歡跟他相處。他不會冒犯你。超棒的傢伙，超棒的精神，超棒的隊友，超棒的人。

我不多話，但菲爾看得出來。菲爾要我有耐心一點。他要我先把官司跟一些雜事處理好。他對我很誠實，跟我說的每一句話都是真話，這我可以擔保。但我們之間的關係還是有點怪。我待在紐約的期間他都很和善，但他想向尼克隊討回欠他的六千萬美金。

我本身非常喜歡菲爾，但是，拜託，你還在堅持三角戰術？他逼尼克隊打三角戰術。我是一名砍將，擅長切入的控球後衛。三角戰術很好，但不適合我們當下的陣容。卡梅羅沒辦法那樣打，也不想要那樣打。

離開芝加哥之後，我真心想要把球打好，想要打出成績。到紐約跟喬金重逢，菲爾領軍，卡梅羅坐鎮，聽起來好像會有特別的事情，好像可以重新嚐到獲勝的滋味。

我抱著很高的期待，想要拿出表現。我感受到火花。但我們在攻守兩端一直沒能找到屬於自己的節奏。待在尼克隊那段時間，我覺得我們都沒有為了獲勝而付出更多，沒有奮不顧身的拼搶，沒有尋求更好出手機會的傳導。有好幾場比賽，打到某個時間點，就自動放棄求勝。我們有不錯的開季，進入十二月還保有五成左右的勝率，但可以感覺到每況愈下。我們知道這只是時間早晚的問題而已。

球隊陣容才華洋溢，明明就可以有競爭力，尤其處在東區。他們試著為卡梅羅量身打造一支球隊。他不想經歷重建，於是球隊為他延攬老將。但很多人跟他無法配合，他非要是進攻核心不可。有那樣的陣容，應該是聯盟前五名的球隊，屢戰屢勝也是順理成章，但我們卻要苦苦掙扎才能勉強在中場休息前不被拉開比分。很令人挫折，於此同時，一切也漸漸失控。當時我跟喬金整天都在討論這個問題。菲爾想要我們以某種方式打球，而我們不得不聽從他的指示。不然還能怎樣？

球季初期，菲爾沒有逼迫我們怎麼打。但隨著時間過去，重心漸漸轉移到三角戰術上，然後我們幾乎整年硬打三角戰術。考量球隊陣容，我想霍納賽克內心深處想要打的是比較快節奏的球風。但身為一個新教頭，他不得不聽命於管理階層。處在那樣的立場，總教練也很難多說些什麼。他被鳳凰城太陽隊開除，漂泊了一陣子。我猜霍納賽克已經聽膩三角戰術，已經厭倦為了三角戰術開會，所以他就直接說：「我們就打三角戰術吧，之後再看看情況。」

這也很耗球員的心神。踏上球場，知道等一下到了某個時間點，勝利的可能性就會溜掉。這是很艱難的。整支球隊都能感覺到。而這是每隔一兩晚就會碰見的常態。

有些比賽我們會放手去打。無論我們做了什麼，走下球場，菲爾都會質疑：「剛剛是怎樣？」我記得有一次我們擊敗賽爾提克隊，菲爾跟霍納賽克說他不喜歡球隊終結比賽的方式。我們最後贏球了耶。我記得卡梅羅好像被驅逐出場還是什麼的，總之有一些插曲，而菲爾說他不喜歡我們終結比賽的方式。我心想：「媽的，在聯盟裡能取得一場勝利就應該偷笑了。」

同樣的狀況，大部分的教練會走進休息室說：「我們贏得不漂亮，但還是贏了！好好享受今晚吧。」懂我意思嗎？享受勝利，因為在聯盟裡每一勝都得來不易。我跟柯比聊過三角戰術——也看過喬丹跟公牛隊打三角戰術，可以打，而且有用——但當時的我們有新球員跟新教練，基本上是一支新球隊，再考量到卡梅羅跟他的打法。我們必須現在就打出成績，但三角戰術的養成需要時間。

* * * * *

我其實很愛那段待在紐約的歲月，很酷的地方。芝加哥最後兩年烏煙瘴氣，我知道自己需要喘息。

當我在二〇一七年一月沒有事先請假就逕自離開尼克隊，就是類似的狀況。我需要回家。

我回去家裡找母親。每個親朋好友都來到屋裡陪我講話。那是少數幾次我們全都聚在一起，像一家人一樣坐著認真討論事情。

我本來決定不再繼續打籃球了。我發現公牛隊的情況將在紐約重演。我可以感覺到那一個球季不會如大家所期待，不會如我所期待。我不知道自己還想不想繼續打球，尤其當這件事變得愈來愈像一份工作。當然，這本來就是一份工作。他們總是這樣告訴我。但你也知道，籃球畢竟是籃球，是我鍾情的運動。但現在開始變得全然像是一份工作，毫無喜悅可言。所以我想要退出。我沒有從中得到樂趣。

回頭想想，那場官司可能也脫不了關係，但總之我對籃球的熱愛已經變質。有太多外務令我分心。

是的，大部分要怪我。我沒必要離開，但當時我覺得自己孤身經歷所有難關。我的家人奉勸我回到球場。

家人就是這樣，長談之間有好多眼淚跟吼叫。情況很亂，但我知道有他們在背後支持，這是好事。房裡的情緒很複雜，他們懂我，知道我明白自己想要什麼。一組人支持我退出，另一組人說：「退出個屁！你要挺過去。你要繼續打球。」

那時我才了解，這是比賽中的比賽。我一項不擅長這種遊戲，虛偽造作等等。如我前面所說，成長背景以及所見所聞，讓我不想成為那樣的人。但我現在所處的工作環境在某種程度上有這種需求。

我覺得沒人可以理解我的感受，但母親與哥哥們幫了我一把。每個人都做著自己不想做的工作，但每個人都有自己應盡的責任。他們讓我領悟，我用自私的眼光看待這件事。我必須重新找回對籃球的熱情，而我想這必須透過我的兒子ＰＪ。

我的積蓄夠花好幾輩子了，所以我心想：「你們去吃屎吧。對我不好，沒關係。不在乎。老子不幹了。」這是一種自私的心態。因為我選擇不做的工作其實可以在財務上帶來極大的助益，可以讓我們在未來過得更舒服，也能讓我為家人以外的人做更多事。

現在我必須思考的問題是：「即將成為自由球員的我要繼續轉隊嗎？尼克隊會把我留下嗎？」跟家人促膝長談，我們檢視了所有事情的利弊，寫了一張清單，把一切梳理清楚。結論就是：我要聽家人的話，吞忍不滿，試著去了解球隊的想法。

要我忽略籃球的商業面，仍不容易。我天生喜愛這項運動。籃球有一種吸引我的特質——只要單純打球就好。我向來癡迷於此。然而，商業面的出現讓我處在一個感覺自己被利用的位置，這一直是我不太會處理的部分。

母親總是叫我奮戰，說一些母親會說的話，鼓勵我繼續前進。但我太固執，又太任性。他們知道，到頭來我可能還是會遵循自己的意願。正因如此，每次聽到有人說瑞吉或是誰逼我做什麼事，家人們總是想笑。他們知道這是笑話。但我不會用不敬的方式一意孤行。我會聽取每一個人的意見，將其調整為我想要的狀態，確保自己能做出帶有敬意的決定。

關鍵一直是我能否感覺自在，不斷質疑自己是不是想要繼續打球。我的意思是，我不只是一個球員而已。其實這也讓我想要寫自己的書，製作自己的紀錄片——完全靠自己。重點是站出來讓大家知道我不只是一個球員而已。

我不想要你們看到我在廣告裡跳舞，我想要你們在報紙上讀到我又做了什麼生意——我能談成生意，我能賺錢，我能幫忙小孩，我能協助社群裡的人們。

我當時挫折感太重，於是匆促下決定，後來我發現有一點太急了。我的家人說：「你連個計劃都沒有。沒有鋪好後路。就算現在財務穩定，你要怎麼轉型？」

我的家人好友——一小群人——對我而言就像總統的幕僚。信任就是這樣來的，我也是這群人中的一員——不格外特別，也不格外重要。

正因如此，跟我最親的一個老友在那段時間決定退出，成了一個複雜的事情。我不指名道姓，但他是跟我一起長大的好兄弟。我們之間的關係一路回溯到最初，所以特別難熬。

我以忠誠為傲，而當這個人突然天外飛來一筆，說他要展現獨立，讓我覺得自己才是問題所在。發生在這麼親近的摯友身上，對我來說真的很傷，就像失去一個家人一樣。

我一直以為我們是一個團隊，從來不認為自己是主角。我把自己的人生與生涯看作至親摯友們的共同成果。我不會把自己打扮得光鮮亮麗，身旁的人看起來卻都像流浪漢。每個在我身邊的人都能過上舒服的日子，我自己也不會過於揮霍。因為母親的教導，我試著做到「己所欲，施於人」。

你們也許不相信，但我一直沒把自己看成名人。所以我總是保持真我。我看不見自己身為名人的那一面。我知道自己只是個普通人，但很多人覺得功成名就是會讓一個人變得與眾不同。

別誤會，我很享受成名帶來的好處。如果因為我是知名的職業球員，就可以不用排隊，那很好啊。但只要跟我聊過，你就會發現我不只是一個球員。其實，跟我談話的過程中，你幾乎會忘記我的球員身份。

這就是我的立足點。我知道自己不能只是人們看見的那樣。然後，我必須好好操作，避免失去自我，深陷其中，誤以為世界繞著自己轉。

他說的話給了我些許打擊，因為我沒想到這些話語會出自如此親近的人之口——他本是我們的一份子。他說他必須遠離，必須靠自己理清一些東西。而我認為他大可以跟大家一起達成這個目標，就像我一樣。但他堅持要獨自走這條路。

我必須消化這件事。並不容易，因為家鄉老友從沒給過我這種煩惱。我質疑自己。然後，我比以往更封閉了，因為不知道下一個背棄自己的人會是誰。我開始預期各種不好的狀況，而這其實不是正確的應對方式。理解這個道理之後，我給予他祝福與愛，希望他幸福快樂。身為男人，我必須給你時間搞清楚自己想要什麼，也給自己時間去理清我們之間的關係。

說到底，最重要的還是我兒子。我希望把他養育成一個負責任的人。沒理由為所有事情找藉口。倘若我找藉口，事情不順就選擇逃跑，以後要怎麼教兒子負責？我有責任要負，其中一個就是像個男人一樣把家人都照顧好。因為我不打籃球而損失的錢，是我的兒子跟家人理應擁有的。我可以拿那筆錢成就好事。

我拚了老命才得到這樣的薪資。我用自身的球技賺到這樣的數目。我的兒子跟他的孩子都能用上這些錢，我怎麼可以一走了之，放棄這些錢呢？我最不樂見的事情就是，兒子在長大的過程中，覺得爸爸讓他失望——或是讓家人失望。我必須讓他見證父親負責任的態度。

* * * * *

我覺得自己在紐約打得很好，只是到了季末又得再動一次手術。當時我的心態已經轉變。我的心理狀態確實不錯，我想好好待在尼克隊。問題就只是又要經歷手術。我又要再次為復健做準備。但是，現在我有司徒敏儀（Judy Seto）協助，這個超厲害的女性曾跟湖人隊與道奇隊合作。我覺得這次的傷癒過程會很順利。

我那次不該沒跟任何人說一聲就逕自離隊回家，但我就只是做自己，做當下想要做的事。現在回頭看，我想那次事件很可能傷害了球隊對我的評價。他們也許會覺得我是一個無法信任的人。我就只是想回家跟家人聚一聚。菲爾知道他們——尼克隊——不會理解我的感受。對我來說，面對菲爾永遠是最輕鬆的。然而，就連家人都無法理解我當下的感受。我就是需要做我想要做的。跟家人聊完之後重新回到球隊，也同樣是我想要做的。

但那段經驗確實也讓我看清很多事。在把我丟掉之前，尼克隊大可以為我啟用「大鳥柏德條款」。可以這樣做，或者是好好跟我談：「德瑞克，我們正在為球隊思考不同的方向。我們考慮簽下那個叫尼利基納（Frank Ntilikina）的法國孩子。我們尊重你，但球隊必須走別的方向。」我也會尊重他們的決定。也許他們也可以參考國王隊對待喬治．希爾（George Hill）的方式：把老將留在隊裡，幫助年輕球員成長。沙加緬度國王隊繼續付錢請他，知道他可以擔任德亞倫．福克斯（De'Aaron Fox）的替補。懂我意思嗎？人家懂得照顧球員。

尼克隊大可以這麼做，我會欣然接受。那次不告而別並不是因為我對球隊有什麼不滿，我跟尼克隊的關係良好。但他們沒有選擇繼續簽我，甚至沒先找我談。沒有任何溝通。我心想：「我平均每場貢獻十八分，而且是以控球後衛的身分耶。結果你們要把我丟掉，再去選秀會上找一個控球後衛？」

史帝夫．米爾斯（Steve Mills）整天跟我稱兄道弟，說黑人之間就是要互挺。他講那些屁話，讓我以為我們之間的關係應該更緊密。拜託，麻煩你別裝了。

我愛紐約。球隊輸多贏少，但我覺得自己打得很好。我覺得他們仍然能以現有陣容為基礎打造未來——或至少試著這麼做。我百分之百想要留下，但他們將我拋棄。

對我來說，這是前所未見的籃球人生：不知道接下來會到哪裡打球。我知道自己終究會繼續打球，所以我專注於訓練，復健不懈，維持體能與體態，因為，我必須再一次秀給你看。

13. 人生如棋

我不擔心沒球可打。雖然ＢＪ說沒有太多球隊打來詢問，我相信自己終能到某處打球。讓我選的話，只有騎士隊。那真的是我重回聯盟的唯一道路。

騎士隊在某種程度上是我當時心目中的夢幻球隊。感覺很對。縱使我說過要再次拿到頂薪，我知道這次必須接受底薪，因為我讓自己陷入那樣的處境。是我自己在紐約無故離隊。

甚至到了二〇一八年轉隊至明尼蘇達，我的薪資仍受紐約離隊事件影響，也許有些人就是覺得我不值得信任。這事件將會一直糾纏著我，除非我能連續兩三年穩定出賽。我想屆時就會煙消雲散。我讓自己陷入這樣的處境，但沒有關係，是我自作自受。我並不擔心。只能怪自己。但我從中成長，所以我覺得那次事件也幫助我成為一個更好的人。這樣就值得了。何必後悔呢？我知道自己搞砸了，但我從中獲取不少，也澄清了心靈。

為騎士隊打球令我興奮，可以跟勒布朗與韋德並肩作戰。重新回到一支可以在季後賽過關斬將的隊伍，無論要我扮演什麼樣的角色都好。我可以選擇到一支戰績吊車尾的球隊，拿更多薪水，但我不想為那樣的球隊打球。我已經暗自決定，如果要打，就要為一支有競爭力的勁旅而打。

當騎士隊來電，我想要馬上前往克里夫蘭。在厄文被交易之前，我就同意簽約，所以那個消息也令我驚訝。但我心想：「總之我還是要去，雖然我不知道自己能有多少上場時間。」我以為自己會跟厄文當隊友，但情況改變了。嘿，反正勒布朗跟厄文可以配合，而厄文跟我一樣都是切入型的砍將。

待在騎士隊的經驗很棒，整體的氛圍不同，連球隊擁有的器材都不一樣。可以感覺到他們最近才拿過總冠軍。我不曾待過聯盟的冠軍隊，但光從設施就能判斷。球隊很棒，教練團很棒，全都是一等一的規格。

然而，情況開始走下坡。我在訓練營跟季前熱身賽大殺四方，但再次受傷，一切又重演了。這次是腳踝。

那是開季第二場球，面對密爾瓦基公鹿隊，格雷格・孟洛（Greg Monroe）把我從空中擊落。我們一路領先，我打得很順，二十分鐘內得了十二分，不斷穿過防守者殺入禁區，罰了六顆球。如果你有關注的話，會發現我在那場球之前也都打得很好。

我從空中落下，左腳踝直接觸地，嚴重扭傷。我想那裡的韌帶毀了，同時把本來就在的骨刺弄得更糟。接下來一個半月，我連跑步都沒辦法。

他們可能又覺得我說謊。你知道的，一如以往的想法：「羅斯就是不想上場。」但我沒法跑動。我又起了退出籃壇的念頭。我的腳踝就是不行了，而且沒有醫生能夠解釋。問題出在腳踝一個奇怪的點，再次令我動彈不得。

沒錯，於是我離開克里夫蘭。我覺得自己沒戲唱了。確保兒子沒問題之後，我買了機票，帶著女友離開，沒有告訴任何人。我們在十一月搭上飛機前往墨西哥。

又一次，我必須整理出最好的選擇。我完全不能跑，沒有人能指出問題所在。確實，就算當下退休，我的日子也能過得下去，但我必須為孩子考量。別誤會我的意思，我還是很愛籃球。一旦踏上球場，所有雜念都會消失。這就是籃球最美好的地方：競爭的快感。不管前一天有什麼感覺，前一年有什麼感覺，全都不重要。腦中的念頭只有：「好，來一決高下吧。」

然而，經歷這些鳥事，再次受傷，再次沒人相信，彷彿芝加哥與紐約的情況重演。人們總覺得全都是因為錢財或是其它與錢財有關的事情。

我只是需要時間，再一次理清自己思緒。我本來就不能上場，但人們又因為我離隊而抓狂。因為他們想到尼克隊的事件。在公牛隊的時候，我知道喬金缺陣期間出去渡了好多次假。他會帶著一身曬黑的肌膚回來。「兄弟，你去了夏威夷嗎？」我見過這種事。

我記得勒布朗回到騎士那年也曾不假離隊，消失大概兩週，我猜應該是去邁阿密。但是，沒錯，大家都擺出一副只有我有這種問題的樣子。

我只是搞不懂到底哪裡出了錯。當然，不告而別是我不對。但重返球場之後，我確實盡己所能拚戰。

可是他們又有了別的計畫。只要能上場，我一定拚盡全力。若真要把我趕下場，那也只會是因為我拚過頭了。甚至連正規球季都還沒開始，我就這麼拚了。我很亢奮，能在一支連續三年闖進總冠軍賽的偉大球隊裡打球，能跟一個偉大球員並肩作戰。勒布朗之外的其他球員也很棒。一切都很棒。

只是，我馬上察覺到這支球隊並不需要我。我只是在找尋機會，就像後來希伯杜教練在明尼蘇達給我的那種機會。我的身體終於再次感到健康，膝蓋終於感覺良好。我很久沒有認真鍛鍊膝蓋了。

如前面所說，能跟勒布朗並肩作戰，讓我很興奮。有點奇怪，在學校時如此崇敬一個人，後來竟有機會跟他正面交鋒，就算他比我年長三、四歲。我也從他身上學習到控制比賽的方式。他整場比賽貫徹自己的步調。年輕的時候，他打球的節奏快多了。現在他讓整場比賽照著自己的步調進行。對手在第四節領先十分，沒關係，他可以隨時轉換模式，逆轉獲勝，有時甚至顯得輕而易舉。

彼此對壘的時候，我曾把勒布朗逼到極限。不是每一次，但確實有幾次。我尊敬他，因為他是一個偉大的球員。當時人們眼中只有柯比，勒布朗仍在攀登。他擁有天王巨星的資質。我一眼就看見了。當時我在校隊裡打小前鋒，多數時間沒有持球。我跟勒布朗的打法有些類似，都能透過短時間爆量取分來控制比賽，所以高中時期的我從他身上學到很多。

我不算是籃球的狂熱粉絲，不會在牆壁上貼球星海報。我只是欣賞並且尊敬職業球員的技術。這是追逐偉大的一部分。我可以直接告訴你們，勒布朗有資格擁有他現在所擁有的一切，就是這樣。年復一年穩定維持那種水平的表現——你們知道這有多難嗎？

我待在克里夫蘭期間，勒布朗跟我保持良好關係，但我們從未對彼此敞開胸懷，僅止於隊友之間的互動而已。從來沒聊過以往對陣的任何一場球。但他是很好相處的人：專業、風趣、外向。跟他同隊是很棒的經驗，因為得以每天見證偉大，就近觀察他的工作態度。我看見他花費多少心力照顧自己的身體。不管是恢復運動還是重量訓練，他每天早上一定會做些幫助身體的事。他掌控關於身體的一切。十五年過去，他不曾對此鬆懈。

在球隊裡，勒布朗大權在握，但身為這種水平的球員，有何不可呢？考量到他的貢獻，他自然有權力對球隊任何事務置喙。沒有不敬的意思，但我不是勒布朗陣營的一份子。我有自己的朋友。我知道如何靜靜待在一個工作環境裡。有些人可能討厭這樣，但我就是這樣長大的：總是試圖生存。就算每天都被修理，只要展露一絲畏懼，你就成了個孬種，情況就不一樣了。就是不能這樣。所以，無論為了什麼，我都不可能對勒布朗阿諛奉承。

這也是待在克里夫蘭的最後一段日子讓我難過的點。我跟那些人一起吃過幾頓晚餐，但扯到他們熱衷的其它活動，出去玩或是用心穿著打扮等等，我選擇不參與，自己待在房裡。以賽亞．湯瑪斯（Isaiah Thomas）跟傑．克勞德（Jae Crowder）也是如此。你們要了解，我才剛剛經歷一場大官司。我站在法庭上受審。我不應該再被民眾看到正在從事什麼娛樂，就算只是單純跟隊友出去玩。

離開騎士隊，我沒跟任何人說，直到抵達墨西哥。我沒告訴任何人，因為我覺得上一次跟家人深談，他們其實也沒真正聽進我講的話。重新回到紐約尼克隊，對我來說沒有問題，我也了解自己應盡的本分，但我還沒全然理清思緒，在克里夫蘭再次受傷，更是雪上加霜。他們不了解我的心情，所以我真的覺得必須離開。倘若我提早透露消息，或是跟任何人談論我的想法，家人一定會再度試圖阻止。

躲到墨西哥之後，我做了很多思考、很多祈禱、很多寫作。我一直都有寫日記的習慣。沒有人看過我的日記。下筆的時候，我總在感恩那些看照我的人。

在日記裡寫東西，就像跟那些人對話。這是我表達感受與想法的方式。總是寫下對他們的感激，告訴他們我有多麼受眷顧，請求他們原諒我的罪過——包括我沒能注意到的。

我在墨西哥待了一週就回來。大家說我有憂鬱症，但我覺得自己已經太有福氣，沒資格為任何事情憂鬱。別誤會，我知道憂鬱症的可怕。騎士隊的隊友凱文·洛夫（Kevin Love）就曾談過這件事。我知道有些人經歷憂鬱症，那是非常艱難而且無法控制的困境。大家說我有錢有名，所以全部的問題都會迎刃而解。不是這樣的。我需要時間理清頭緒，整理自己，找出讓過渡期盡可能順利的方法，包括擬定退休之後要做的事。有很多人認為我在籃球場上已經沒戲唱了，我必須想好退路。

*****

旅行途中，我會打電動。有時候也會閱讀。

但我大部分的時間都在下西洋棋。

我很愛下棋。這個休閒活動曾幫助我渡過很多人生的關卡，因為有助於思考。我常常在線上玩西洋棋，對手不知道我是羅斯。我的棋力還可以。

當我回到克里夫蘭，他們叫我去看心理醫生，因為他們覺得我瘋了。可以察覺到他們的心聲：「在確定你不會崩潰之前，我們不可能讓你上場。」於是我跟心理醫生談，我跟他說我喜歡下西洋棋，他覺得我在唬爛。下一次約診，醫生準備了棋盤，叫我秀給他看。我猜他需要證明吧。我在棋盤上把他電爆！他超驚訝。看診完畢，我打給朋友炫耀：「我跟心理醫生下棋，把他痛宰一頓！」

下棋是我人生中最重要的事情之一，這是真話。我從七年級開始接觸西洋棋。朗道夫．瑪格奈特小學只到六年級，於是我在升七年級時轉學到畢斯里學術中心。畢斯里可以從幼稚園一路讀到八年級，但我只待了七、八年級。那是我第一次接觸西洋棋，第一次知道有西洋棋校隊。棋隊的活動場地是用餐區，我會靜靜坐在那裡看別人下棋。沒有講話，也沒有參與。我不太跟人說話的。我就是坐在那裡，默默學習怎麼下棋，也因此迷上西洋棋。

西洋棋很複雜，但又很單純，每個人都能下。但西洋棋也帶來挑戰，讓我思考自己應該怎麼做，為什麼要這麼做。棋局間有很多靜默悠長的停頓。我能在棋局裡看見人生。早早失去皇后，麻煩大了，對吧？現在德瑞克還剩一隻兵，他要開始認真了。這隻兵會一路長驅到底線，升變為皇后。

我覺得當下的人生就像這種棋局。因為受傷等等的問題，我等於早早丟了皇后。現在不得不背水一戰。手上有一隻兵有機會升變為皇后，所以還有希望。你的人生可能也是如此。棋之所以為棋，這就是魅力所在。有人說下棋是人生遊戲。必須不斷解決問題。不可能每次都下出完美的棋——有太多步要考慮。所以，想辦法解決吧。這就是我熱愛下棋的原因。

我隨時隨地都在玩獨棋。下載到手機裡，一個人在飛機上也能玩。我基本上隨時帶著棋盤。西洋棋改變了我的人生——沒開玩笑。下棋幫助我理解很多策略。

好，我按照指示看了心理醫生，但我感覺到騎士隊不是真心想要我回來。我就是可以察覺。他們甚至不想要我把球打好，以免未來丟掉我的時候讓球隊顯得難堪。我打了一場好比賽，十五分鐘內得了十四分，擊敗溜馬隊。下一場，教練只讓我打八分鐘。再下一場，不讓我上場，接下來又只讓我打五分鐘。

當初選擇跟騎士隊簽約，就是因為我不願選擇一支老是輸球的隊伍，直接進入養老模式。我想待在一支有競爭力的球隊。我也想進入一支擁有勒布朗這種頂級球星的球隊。

我還記得騎士隊新任總管科比・奧爾特曼（Koby Altman）跟我簽約的場景。我們共進晚餐，他超級興奮，跟我說：「我不敢相信自己第一個簽下的球員就是飆風玫瑰。」沒有人叫他這樣恭維，我們只是在吃飯，他就這樣脫口而出。

好，我相信他的話，感恩。但是，後來把我丟到猶他的就是這個當初恭維我的人。

倘若你真心為了簽下我而興奮，真心想要我這個球員，至少應該試著了解我的經歷，把我留在球隊一季。我知道自己一定能對這支球隊有所助益。假如你真的在乎，就不會急著把我交易掉。「好，這一季我會把他留下來觀察。也許下一季再來考慮交易，但至少留他一年。」一兩週之後，我就被交易到猶他爵士隊。人們都是自掃門前雪的。必須看清楚這點。

剛進聯盟的時候，我不需要處理這種事，因為我的才能輾壓一切。但每一個上班工作的人終將領悟這點：人們總是喜新厭舊。

一開始，我不需要處理或是理解這個聯盟。然後，人們開始跟我說：「兄弟，你會找其他球星過來嗎？要有人幫你啊！」聯盟現今的生態就是如此，大家都需要火力支援。

走在街上，路人會過來跟我說：「你們有要簽誰嗎？兄弟，你上場太久了啦。」這是我原本不懂的東西。從小看著聯盟裡那些人，麥可·喬丹跟魔術強森等等，我以為自己可以追隨他們的作風。然而，現在回首，我的想法是：「媽的，要是當初有些火力支援，情況會簡單一點。」但我不會放太多心思在這種事情上。

騎士隊把我交易掉的時候，我的女兒快要出生，我留在克里夫蘭健身，然後爵士隊將我釋出。當時我跟朋友阿特去克里夫蘭州立大學做訓練，不清楚隊裡的狀況，但可以大致感覺到。他們早就決定要把我丟掉了。在那場球快速拿下十四分的時候，我就看出這並非他們所樂見。所以接下來的比賽，他們把我冰在板凳上，然後我就被交易了。

14. 證明自己

被猶他釋出之後，我不知道要何去何從，但我也不認為自己的籃球生涯會止步於此。最後竟然跟希伯杜、吉布森、吉米等等公牛老隊友們在明尼蘇達相聚，我也感到訝異。可以說這給了我一個機會去珍視之前經歷的所有事，因為不知道怎麼說，到了灰狼隊，我才終於有了回家的感覺。

到紐約打球感覺起來就是不太對。至於克里夫蘭，我心在人在，盡力嘗試了，卻也感覺不對。到了明尼蘇達，希伯杜對我很誠實。初到球隊，他沒有馬上讓我上場，但坦率地向我解釋了球隊裡的政治運作：「這裡有某些人認為必須先讓某些球員上場。」基本上，他就是要我跟著他。我照著做，而他也確實照顧著我。這也是我認真想要重返球場的原因之一。

然後，不得不提吉米·巴特勒。

關於希伯杜教練與灰狼隊之間的問題，有趣的是，在公牛隊我跟吉米本該是有嫌隙的兩者。事實是，我們不親近，但從未看彼此不順眼。而且，如我在前面所說，當明尼蘇達的交易風波甚囂塵上，他主動找我討論。媒體瘋狂報導的同時，他跟我一直互有訊息往返。沒錯，因為我對這種事略有所知。

而在此同時，面對隊上的年輕球員，我也需要扮演老大哥的角色。我不打算淌媒體的渾水。我跟吉米分享我的看法，但最主要的訊息就是：不要失去自己的主導權。因為奧斯卡·羅伯森與一干前輩們的奮鬥，我們才能擁有現在擁有的權益。輕易把主導權交還給球團，就太對不起他們了。

吉米的事有益於我跟年輕球員之間的關係。他們看見我帶著同等的愛與關懷對待每個人，所以他們會徵求我的建議。我感覺到他們喜歡隊上有我在。但我也能體會吉米的不滿。

聽著，錯不在他。錯的是聯盟。沒有對卡爾—安東尼·唐斯（Karl-Anthony Towns）不敬之意，他人很好——實力也不差。但聯盟找來這些孩子，然後在他們還沒有任何成就的時候就把他們寵壞。幾個菜鳥簽下的第一張合約合計竟然可以達到一億九千萬美元，拜託一下好不好。現在的情況就是，某個年輕球員對現狀不爽，就可放話說要炒掉教練或是任何一個工作人員。這是非常大的力量。他們才幾歲，二十一？二十二？沒有指引，只有一堆錢財跟權力。而且沒人教他們如何運用，就是直接塞給他們。我知道時代在變。我進聯盟的時候不是這樣——而現在其實也不該這樣。

當年的我必須竭力拚戰，才能爭取選秀狀元身分。現在的年輕球員在大學錦標賽裡什麼屁都不用做，就能擠進選秀前幾順位。當時的我必須證明自己。狀元到底會是我還是麥可．畢斯利，幾乎到選秀日當天都還沒有定論。至於現在的小鬼頭們，連打進錦標賽都不用。馬凱爾．富爾茲（Markelle Fultz）？班．西蒙斯（Ben Simmons）？都是好球員，但甚至沒法帶領學校打進錦標賽，這樣對嗎？

但聯盟的態度似乎是：「哦，我們已經能夠斷定這個球員會很強，他會拿頂薪。」可以感覺到這種態勢。然而在此同時，誰來為這些孩子提供指引？這樣就夠了嗎？這是好事嗎？我的看法如此——吉米也是。所以現在聯盟裡有一堆覺得自己很有資格的孩子，而他們到底成就了什麼？這就是當前的處境。這對聯盟來說將會是個大問題。

吉米的感覺是：「我才是帶領球隊打進季後賽的人，為何球隊急著拿錢給那些年輕球員？」一切的緣由在此。吉米的作法不對，但他的想法是對的。於是我跟他談，我要他學會控制自己的情緒。我們身處億萬富豪俱樂部，上層的那些傢伙每天都在互通消息，他們無所不知。所以何必跟球隊疏遠？這樣等於拱手奉上主導權。這樣只會讓自己的處境更為艱難。

沒錯，當我主動伸出援手，我想吉米也感到驚訝，很可能嚇傻了。吉米是個好人，他只是想討個公道。

接著，媒體瘋狂報導，說吉米參加球隊練習，把大家痛宰了一頓。老兄，這聯盟真是不一樣了。他來練習，打得很認真，就只是這樣而已。在媒體瘋狂報導的那次練習裡投進一球。你沒聽錯，就是一球。我可以舉手發誓。這到底有什麼好興奮的？但是媒體卯起來報導。看了報導還以為他砍了三十分。就是因為這種亂象，我不再給媒體任何題材。

我敢說這件事讓希伯杜很為難。他什麼都沒跟我們說，但可以感覺到他倍受打擊。吉米是球隊要員，當然，身處西區也讓我們更需要他。但開季的時候，感覺起來好像吉米不在陣中也還過得去。我們有卡爾—安東尼・唐斯和安德魯・威金斯（Andrew Wiggins），青春的肉體就是不一樣。他們為球隊帶來強度，而我真的覺得我們可以打出佳績。於是，我的工作變成仔細關注每一個人。沒錯，就是我。

我覺得身為老大哥的工作就是讓球隊的每個人感到自在，不斷跟大家溝通。我說的話遠遠超過以往。我已經三十歲，在聯盟打滾十年了。這是我十年來話最多的時期。

我自己繼續試著成長，為隊友做出正確的事，但這次不一定要靠球場上的助攻——有時候在別的地方也能助攻。換做發生在幾年之前，我敢肯定自己絕不會傳那些訊息給吉米。我試著跟他分享我的觀點，畢竟我也經歷過這些。「我知道你的處境，但你現在的處理方式只會把主導權還給他們。手握主導權的他們會說聲『管你去死』，然後踩到你頭上，就像他們以前試著踩到我頭上那樣。」

我不會建議任何人走我的老路，尤其當那個人的財務未穩。我察覺他正在往那個方向走，所以我必須出手制止。「你已經二十九、三十歲了，還動過一次膝蓋手術。他們會把你棄如敝屣——要不了多久就會。」

吉米得到了不錯的交易，希望他轉隊後一切順利。

但很多人沒那麼幸運。看看以賽亞・湯瑪斯的經歷就知道。二〇一八球季已經過了一半，他仍然沒球可打。明明為波士頓貢獻了那麼多，球隊還是沒有給他好下場——後來他逃離克里夫蘭。這就是我要表達的：「別讓他們爬到你頭上。別把主導權交給他們。」現在身為球員的我們握有主導權。我告訴吉米：「你有實力，所以主導權在你手上——你能主導一切。」我跟吉米說我了解他讓球隊練習變得更激烈的方式。我跟喬金與科特・湯瑪斯打過球，我知道他們有多討人厭，整天垃圾話噴個沒完。我能尊重這種風格。但於此同時，你還是得學聰明些。

一直到交易之前，吉米還是憤怒到聽不進我的建言。我說他應該學習西洋棋。下棋能教一個人預先思考未來的佈局，而非憑一時情緒行事。也許西洋棋也能改變他的人生。

＊＊＊＊

關於吉米的那些風波讓球季之初的一切蒙上陰影，但我很興奮，感覺很好。開季之後我甚至開始穩定投進三分球。我覺得自己終於找回身體的平衡。二〇一八年的夏季，我似乎每件事都做對了。我重訓，但沒有做過頭。我進行很多籃球訓練，比前兩三年的夏季都多。把身體練壯，但不過度補償雙腿。之前我打的球太少，失去自己打球的節奏。所以這年夏季，我重新回歸盡可能打籃球的訓練方式。我每年都期待球季開始，但這次的感覺真的特別棒。很可能是繼公牛隊最後一季之後，打起球來感覺最好的一次，就像我當年在訓練營被打爆眼睛之前的那種感覺。

走進二〇一八賽季，我真的覺得自己可望再展身手。這不是開玩笑的。我站在屬於自己的位置，找尋再拚一回的機會。再拚最後一回，結束之後，我就能去做自己想做的事。所以，我必須再一次付出自己的所有，然後優雅退場。我已經可以看見終點。我會用自己想要的方式結束，而非**不得不**這麼結束。那個球季開始之前的夏天，我在心裡就是這樣盤算的。

我想要多打幾年。想起來還真瘋狂，那麼多的風風雨雨過後，我竟然也打到第十個年頭——比多數球員打得都長。我很幸運。感覺又對了。如果說在明尼蘇達最大的問題就是跟年輕球員們相處，我完全可以接受。這很容易解決。該罵的地方就開口罵。「你他媽的給我長大。」不成問題。跟我遇過的其它鳥事相比，這真的沒什麼。我可以很直白地告訴他們：「現在所處的環境？要好好珍惜啊。因為換做別的地方，情況可能完全不一樣。也許你很不爽，但球隊總管會繼續找碴——甚至連老闆都來摻一腳。能處在這種環境，要懂得心存感激。」

然後，在萬聖節的夜晚，我砍了五十分。瘋狂的一夜，但我真心覺得那是註定會發生的。考量到我經歷過的那些鳥事，考量到我渡過的那些逆境，這就是我證明自己依然寶刀未老的方法。當我把一切拼湊起來，就會打出當晚那種比賽。

單場轟下五十分，就是我在「秀給你看」。我知道自己的身手猶在。我一直這樣相信，但我也知道很少人抱持同樣的信念。也許只有我的家人跟朋友——還有希伯杜教練。

但對我來說意義最大的是那場比賽進展的方式。重點不只是砍下生涯新高——重點是贏球。很多人沒注意到我在最後一刻賞了但丁・埃克薩姆（Dante Exum）一個火鍋——比賽剩下三秒，我們領先三分——來確保勝局。那才是我在乎的。單場五十分是一回事，但倘若以輸球收場，誰在乎那些分數呢？獨拿三十分然後吞敗，有意義嗎？但是，我不只拿了五十分——我有三顆罰球沒進，所以應該可以拿到五十三分——還在比賽終了前十三秒兩罰俱中，並在最後把對方的追平三分球搧掉，這些才是我在賽後情緒激動的原因。

別忘了，比賽倒數一分鐘時，他們還保有領先。不管我拿了幾分，要是最後沒能贏球，還有什麼意義？

球隊人手短缺，希伯杜與隊友都仰賴我。雖然不像以前那樣一肩扛起全隊，但在那麼多風雨波折之後，我還能拿出如此表現，這對我來說意義重大。賽後淚水潰堤，是因為我一直這樣相信。我跟人們說我會重返球場，再次簽下頂薪合約。重點不在於錢，而是頂薪合約代表的意義——重返巔峰。

我明白，竟然一直如此相信，簡直是瘋了，但我不在乎別人怎麼小看我。當然，當流言蜚語中傷身邊的人，我會很在意。球迷與媒體說什麼或寫什麼的時候，他們不會想到這些。少數幾個人知道我在球技上投注多少心力，那些人是我最好的朋友，讓他們看見我的努力有所回報，對我來說才是重要的。我們私下常討論這種可能性，再一次打出驚人的比賽。但真正上場瘋狂砍分，單場出手三十次？我上一次單場出手三十次是何年何月？

現今聯盟的打法讓很多人每晚都有這麼多出手機會。不是要刻意攻擊任何人，但同一時期猶他爵士那個小夥子一場都出手三十五次。然而這也沒什麼不尋常，很多球隊的主力球員都是這樣。我之前就說過。我不會擁有以往那種開火權，無論健康與否。但如果某一場球讓我這樣開火，會發生什麼事呢？

但我出手那麼多次的唯一原因，是球隊人手短缺。吉米沒打，傑夫·蒂格（Jeff Teague）跟泰厄斯·瓊斯（Tyus Jones）都缺陣。我不打算大量出手。若非必要，我的第一選擇都是幫隊友製造出手機會。但在那場比賽開始之前，我覺得自己必須分擔得分責任。當然，我沒想到自己會拿五十分，但我知道自己必須做一些平常不會嘗試做的事。

我知道自己付出多少努力，我也知道自己天賦超群。有時候，當人們知道你的稟賦不凡，就會潑冷水，試圖用酸言酸語來讓你放棄。我記得以前跟人賭骰子，看到誰手氣正旺，大家就會狂嗆他，因為知道他手風太順。也許這樣他就會退出。

在明尼蘇達打出單場五十分的比賽之後，我並不會記仇，大笑著心想：「我早就跟你們說過了。」像在尼克隊，如此不歡而散，我大可以懷恨在心，但那是以前的我，年少輕狂的我。希伯杜教練跟灰狼隊讓我用正常的方式打球，而我現在的打法遠比過去更受控，更有效率。

所以，我沒有記恨，而是把紐約的經驗看作塞翁失馬。我在尼克隊學會如何在波爾辛吉斯和卡梅羅後面擔任球隊得分的第三選擇，理解如何用自己的方式影響比賽。作為球隊得分的第三選擇，而且打三角戰術，我還是繳出場均十八分的成績。這難道不代表什麼嗎？以前的我一定會對總管發飆，然後對那裡的每個人都心懷不滿。但紐約有讓我學到東西。我學到如何輕描淡寫打球，卻仍能以自己的方式影響比賽。這可是大事。這是時間淬鍊出來的成熟。這代表我在成長的同時，理解自己是一個什麼樣的人。

沒錯，我知道自己很固執。我不會仰賴任何人教我什麼，我覺得可以靠自己搞清楚所有事。多次受傷與紐約跟克里夫蘭的經驗讓我在某種程度上變得比較脆弱。對於家人來說，我是養家活口的那個人。我懂，沒有人想看到讓一切成真的那個人沮喪失落，或是表現出脆弱的一面。

所以，以前的我總是戴上一張面具，或是築起一道高牆，因為我必須為了其他人而堅強。但是當我勇敢把自己打開，當我顯露出我所顯露的，所有事情都有所轉變。如同我的前隊友凱文・洛夫所說：「活出真實的自己，把該說的話說出來，不要害怕。」

能夠看清，是種幸運，因為我知道每一個球員的經歷。某種程度上，聯盟裡的所有人都是固執而驕傲的——畢竟要拚了命才能擠進這個聯盟。表面光鮮亮麗，背後汗水淋漓。而我們都是經歷過同樣感受的一群人。銀行帳戶裡的錢再多，也不代表我們不能有某些一般人有的感受。

每個球員都會遇到變動，就跟其它的職場一樣。也許現在的你炙手可熱，但到了某一個年紀或是某一個位置，情況就會有所不同。世上沒幾個勒布朗，可以初出茅蘆就炙手可熱，征戰十五年之後，熱度絲毫不減。看看卡梅羅，人們的態度基本上就是：「你的故事結束了，我們不想再聽到關於你的什麼事。我們不要你了。嘿，不如來瞧瞧每個人都在談論的『字母哥』吧。」但這種事也終將發生在字母哥身上，這就是人生。

話雖如此，這並不代表人們真的停止談論，不代表你的故事真的完結了。這確實是我一直以來抱持的想法。只有你能決定自己的故事，無論別人怎麼說。我知道自己有什麼樣的才能，但當我這麼說的時候，人們覺得我在自欺，甚至覺得我瘋了。但我真的覺得自己只缺一個機會，於是我來到明尼蘇達，效力於一支總教練願意相信我的球隊。

在其它地方，他們表面上說相信我，結果要我打三角戰術。「好，這證明你們根本不相信我。要是真的對我有信心，就應該為我改變戰術。至於克里夫蘭，你們口口聲聲說相信我，到了年尾卻開始把我冰在板凳上。泰隆．魯（Ty Lue），我不討厭你，也沒有要攻擊你的意思，但你真的不知道我有多強。」

於是我到明尼蘇達追隨希伯杜教練，他從第一天就細心關注我的身體狀況。一開始我沒有太多上場時間，而我想那是因為我們合作夠久，可以有話直說，彼此溝通無礙。不是每個教練都能做到這種事。這就是我跟某些教練沒辦法合作無間的原因——缺少希伯杜跟我之間的那種溝通。

妙的是，很多人不了解我們之間的關係。他們說：「當初就是這個教練害你受傷的耶！」有沒有搞錯啊！希伯杜沒法影響我在場上的想法，是我自己做了那樣的動作。再說，也許聽來瘋狂，但我相信靈性方面的東西。當時的我太過火熱。橫空出世的奇才，為聯盟添加太多壓力。永遠不會知道別人暗中希望我出什麼事。不是說因為大家如此希望，我才會受傷，但我確實相信業力，好的與壞的都是。邪惡的思想必定是有的。我當時並沒有感覺到自己受保護，但我現在感覺到了。

我跟希伯杜教練之間的溝通方式很不一樣。傑夫・蒂格受傷，我跟教練說：「讓泰厄斯先發吧。」

他說：「不，我要讓你先發！」

好啊，沒問題。重點是我們總會把話說開，把想說的說出來，然後思考。上了場就是好好打球。我不想得罪任何人，因為我知道自己在明尼蘇達應該堅守球隊老大哥的角色。融入球隊，態度輕鬆，沒有壓力。

年紀大了我才理解，原來像我那樣從小就嶄露頭角，壓力一直都存在著。在芝加哥打球，我大概從五、六年級就開始承受壓力。不只是每個人都遇過的大比賽，還有一直被拿來跟前輩菁英比較，一直被期待成為下一個超級新星。進了聯盟之後，壓力更是倍增。

記得有好幾個晚上，我因為擔心比賽而失眠。我擔心的不是對手，而是比賽本身。我想要表現——他們需要我表現。這種壓力曾經差點把我逼瘋。我深深感受到表現的壓力，而縱使我知道自己付出的努力，還是想要上場得到確切的成果。我知道這是一項運動，而每個人都喜歡運動。但誰的工作環境裡會有上萬人在面前嘶吼「打得好！」或是「你超廢！」等等的呢？

現在，這些壓力都沒了。不是說我不再看重比賽，而是我現在懂得上場觀察比賽需要我做什麼。沒有強行出手，只有冷靜衡量。要我從板凳出發？沒問題。所以我才在二〇一八年賽季開打之前說自己可能會拿下年度最佳第六人。

是的，幾年前的賽季開打之前，我揚言要拿下最有價值球員，而我現在談的獎項成了年度最佳第六人。但我認為這是正確的心態，我必須把自尊擺到一旁，了解在生涯這個階段重要的東西是什麼。

我可以選擇當那種暴躁的過氣球星，因為自己不是先發而忿忿不平。但我轉念一想：「等兒子長大後偶然讀到或聽到這些事，然後用老爸的行徑做為自己的藉口，在企業職場裡表現得像個被寵壞的孩子，只因為自己的身分特殊，就期待總是能得償所願。要是這樣怎麼辦？」

不行，你要為了升遷而拚，一路拚到顛峰。不要期待獎賞從天而降，要為之努力奮鬥。我擁有的一切都不是別人雙手奉上的。我拚了命打球才成為選秀狀元。我整個高中時期都在追逐O·J·梅歐。進了聯盟之後，我知道連公牛隊本身都不確定我是不是真的優於麥可·畢斯利。當時的麥可·畢斯利很強，如果你們真的想要他，非常合理，我能理解。所以，就算有那麼多榮耀加身，我還是一直覺得必須證明自己。我在聯盟無時無刻都有這樣的感覺，無論發生什麼事。結果就是，我成為史上最年輕的年度最有價值球員。

當我說：「為何我不能拿下最有價值球員呢？」

你們也知道當時人們的反應：「媽的別開玩笑了。」

嘿，是你們自己要問這個問題的耶。如果不想聽到我的回答，一開始何必問呢？

就連到了現在也是一樣，沒關係，你們都把我排除在討論範圍之外了。很多人不知道我經歷了什麼，直接斷言我應該選擇退休。退役球員裝做自己不曾遇過我遇到的事。你也知道，他們都說「羅斯已經沒搞頭了啦。之後他的場均頂多六到八分。快把他丟掉吧。」但我的想法是，所有的偉大都曾在某個時間點浴火重生，於是我就這麼做了。

不只是成為球賽的學生而已。我跟希伯杜教練討論提姆．哈德威（Tim Hardaway），他在金州勇士隊受傷之後，繼續前進，從邁阿密熱火隊復出，再次成為全明星球員，同時領導球隊。我參考那些偉大的人物，像是法蘭克．辛納崔。作為頂級流行歌手與演員的他，在生涯看似終結之後，又帶著大樂隊跟情歌回來，以不同風格再攀顛峰。知名演員小勞勃．道尼（Robert Downey Jr）有毒癮問題，甚至曾經入獄，重回演藝圈之後成為史上最受歡迎的巨星之一。拜託，在經歷過那麼多狗屁倒灶的事之後？他大可以放棄，讓自己的故事蓋棺論定。但厲害的地方就在於他如何消化吸收這一切，用來推動自身的蛻變。到了一個階段，你必須展露出脆弱的一面，理解並且接受已經發生的事情，知道自己是誰，弄清自己能做什麼，然後不要讓其他人決定你的故事結局。

有時候我甚至會想，倘若我真的在生涯早期就取得夢寐以求的冠軍金盃，也許少年得志的我一路上會走得更顛簸狂亂。也許看照著我的力量讓我受傷，經歷那些波折，都是有原因的。我現在可以看透所有事情的本質，看清所有人的本性，知道誰真的願意與我共患難，知道誰又會在風雨飄搖之時跳船。

現在我覺得我們順風順水了。我知道哪些家人跟朋友會在身後挺我。這是買不到也求不來的。需要經歷難關與困境——有時候有一大堆鳥事——而也許冠軍對當時的我來說會是難以承受之重。沒有人知道。

*****

我的故事比我個人遠大。人們無法控制未來發生的事。你不知道我會怎麼接著寫自己的故事。但我知道故事會有不錯的發展，考量到我的付出、我待人的方式——不管是母親、家人，或者任何人——還有我梳理出來的行事原則。

我遵循生命的指引，傾聽徵兆與跡象。每個人的生命中都有對自己來說重要的東西。不管別人怎麼說，我一直很清楚自己有多努力，而一切都在明尼蘇達的球場上有所回報。透過在隊上找到舒適圈以及知道自己必須扮演的角色，我成了想要成為的人，打出想要打出的球。

沒錯，以前是我用不對的決定把事態搞砸。不用怪其他人。身為一個男人，我勇於認錯，也敢承認當時的我確實需要幫助。你看，在克里夫蘭的時候，我不知道自己會從空中被打下來，一整個月不能跑動。但事情就是發生了。我離開克里夫蘭——那是我的選擇，我的決定。

但我不認為那會是故事的最終章。我覺得自己還有很多可以回饋社會的地方。而且，以我的身分與現在的心性，我覺得自己可以為黑人做很多事。理解過去，才能抵達現在。所以我決不會遺忘家人、朋友、球迷，以及過去。我愛的人們一直留心於此，總是會跟我說真話。一定要繼續努力，因為你永遠不知道誰正在仰望著你。

但是，說了那麼多，對我來說最重要的仍是贏球。

可以說我一開始跟所有球員一樣，都是為了賺錢和溫飽而打球。我是個誠實的人，於是就這樣照實說了。但到了現在，經歷了那麼多之後，我想要讓世人看見我還能打，同時幫助年輕人。既然見證並且體驗了那些起起伏伏，何不跟大家分享呢？

媽的，曾是最有價值球員的我，後來基本上被踢出聯盟。被球隊拋棄之後，我在克里夫蘭州立大學練球，試著找到願意收留我的球隊。獨自在克里夫蘭州立大學訓練時，奧克拉荷馬雷霆隊曾表示要在那一季簽下我。但希伯杜教練跟我聯繫，叫我耐心等著，不要著急。我默默做好準備。我準備好要再一次秀給每個人看。

我感覺情況朝著正確的方向發展。我覺得自己可以調適。這也是我想要繼續打球的原因之一。我要你們仔細注意我做的事，一眨眼我已經打了十五年，然後你們會驚嘆：「天啊，你竟然還在場上！」我想要這樣。我覺得自己的油箱裡還有很多油。所以我現在只是在等待機會，一旦被我瞄到一絲機會，我一定會緊緊抓住，然後大展身手。

我不擔心受傷。我上一次因為受傷而憂慮，很可能是第二次大傷的時候。從此之後，我不再多想。太耗心神了。只要保持信念就好，反正這種事不在自己的掌控範圍之內。我唯一能做的就是把自己放在可能成功的位置。我很喜歡自己現在的心態。我享受這一切，比任何事情都享受。年輕的時候，我執著於追逐偉大，試著博取讚許與榮耀，他媽的一點都沒有樂在其中。

現在不一樣了。

現在，我正在秀給你看。

年表 德瑞克・馬特爾・羅斯

一九八八年十月四日 生於伊利諾伊州芝加哥。

二〇〇六年三月十八日 面對皮奧里亞・里奇伍茲高中，在延長賽投進致勝球，帶領西蒙高中拿下伊利諾伊州高中籃球冠軍。

二〇〇七年三月三十一日 當選伊利諾伊州籃球先生。

二〇〇八年四月七日 帶領曼菲斯大學殺進美國大學籃球錦標賽冠軍決賽，在延長賽敗給堪薩斯大學。

二〇〇八年六月二十六日 以選秀狀元身分被芝加哥公牛隊選中。

二〇〇八年十月二十八日 首次以公牛隊球員身分登場，拿下十一分，傳出九助攻。

二〇〇九年四月十八日
砍下三十六分，率領球隊在季後賽首輪第一戰擊敗衛冕冠軍賽爾提克隊，同時追平由卡里姆·阿布都·賈霸（Kareem Abdul-Jabbar）所保持的菜鳥球員季後賽單場得分紀錄。

二〇〇九年四月二十二日
拿下NBA年度最佳新人獎。

二〇一〇年一月二十八日
入選東區全明星隊，成為繼一九九八年的麥可·喬丹之後，第一個獲此殊榮的公牛隊球員。

二〇一一年五月三日
以幾乎全票通過的壓倒性優勢，成為NBA史上最年輕的年度最有價值球員。

二〇一一年十二月二十一日
以頂薪條件與公牛隊達成至二〇一六—二〇一七年的續約協議。

二〇〇一十二月二十五日
在封館後縮水球季首戰以一記絕殺擊退洛杉磯湖人隊。

二〇一二年四月二十八日
季後賽首輪面對七六人隊第一戰，在比賽終了前一分二十秒，公牛隊領先十二分的時候，撕裂左膝的前十字韌帶。

二〇一二年五月十二日
在拉什大學醫學中心接受手術，布萊恩·柯爾醫生估計要休養超過十二個月。

二〇一三年十一月二十二日　十字韌帶傷癒復出之後的第十場球，右膝半月板受傷，十一月二十五日接受手術之後，確定整季報銷。

二〇一四年九月十四日　傳出美國隊最高的六次助攻，在決賽擊敗塞爾維亞，拿下FIBA世界盃冠軍。

二〇一五年四月八日　復出首戰，上場十九分鐘，拿下九分。

二〇一五年四月十八日　在十字韌帶傷後的季後賽首戰砍下二十三分，系列賽平均每場拿下二十一點五分，將密爾瓦基公鹿隊淘汰。

二〇一五年五月八日　全場轟下三十分，並以一記三分絕殺擊敗克里夫蘭騎士隊，讓公牛隊在系列賽取得二比一領先。騎士隊接下來連勝三場。

二〇一五年九月二十九日　該季第一次球隊練球就因隊友肘擊導致眼窩底骨折。

二〇一六年六月二十二日　跟賈斯汀·哈勒戴（Justin Holiday）一起被交易到紐約尼克隊，公牛隊換來傑里安·葛蘭特（Jerian Grant）、荷西·卡德隆（Jose Calderon）以及羅賓·羅培茲（Robin Lopez）。

二〇一七年一月九日　離開球隊返家一天，錯過對戰紐奧良鵜鶘隊的比賽。

二〇一七年四月二日　以場均十八分的表現打完六十四場球之後，左膝半月板受傷，錯過該季剩下的比賽。

二〇一七年七月二十五日　跟克里夫蘭騎士隊簽約。

二〇一七年十一月二十四日　打完七場比賽之後，因個人因素離開球隊。

二〇一八年一月十八日　回到騎士隊之後，上場十三分鐘拿下九分。

二〇一八年二月八日　被交易到猶他爵士隊，兩天後被爵士隊揮棄。

二〇一八年三月八日　與明尼蘇達灰狼隊簽約。

二〇一八年七月四日　再次與灰狼隊簽約。

二〇一八年十月三十一日　砍下生涯新高五十分，率隊擊敗爵士隊。

入魂 05

不死玫瑰：戴瑞克・羅斯

I'll Show You

作　　者　戴瑞克・羅斯（Derrick Rose）、山姆・史密斯（Sam Smith）
譯　　者　蔡世偉
執行主編　簡欣彥
責任編輯　簡伯儒
封面設計　萬勝安

社　　長　郭重興
發 行 人　曾大福
出　　版　遠足文化事業股份有限公司　堡壘文化
地　　址　231新北市新店區民權路108-2號9樓
電　　話　02-22181417
傳　　真　02-22188057
Email　service@bookrep.com.tw
郵撥帳號　19504465
客服專線　0800-221-029
網　　址　http://www.bookrep.com.tw
法律顧問　華洋法律事務所　蘇文生律師
印　　製　韋懋實業有限公司
初版一刷　2020年9月
初版3.6刷　2023年2月
定　　價　新臺幣380元

國家圖書館出版品預行編目（CIP）資料

不死玫瑰：戴瑞克・羅斯／戴瑞克・羅斯（Derrick Rose）、山姆・史密斯（Sam Smith）著；蔡世偉譯. -- 初版. -- 新北市：堡壘文化，2020.09
面；　公分. --（入魂；5）
譯自：I'll show you
ISBN 978-986-99410-1-3（平裝）

1.羅斯（Rose, Derrick.）　2.運動員　3.職業籃球

785.28　　　　109012048